CUERPOS FUGACES

Relatos basados en hechos reales

CUERPOS FUGACES

Relatos basados en hechos reales

Katia N. Barillas

Número de Control de la Biblioteca del Congreso de EE. UU.:   2015921056
ISBN: Tapa Dura   978-1-5065-1130-6
                    Tapa Blanda   978-1-5065-1129-0
                    Libro Electrónico   978-1-5065-1128-3

Información de la imprenta disponible en la última página.

Fecha de revisión: 23/02/2016

Para realizar pedidos de este libro, contacte con:
Palibrio
1663 Liberty Drive
Suite 200
Bloomington, IN 47403
Gratis desde EE. UU. al 877.407.5847
Gratis desde México al 01.800.288.2243
Gratis desde España al 900.866.949
Desde otro país al +1.812.671.9757
Fax: 01.812.355.1576
ventas@palibrio.com
732053

ÍNDICE

COMENTARIOS

Efraín Escobar – Historiador, orador, escritor, dariólogo, poeta, declamador - Bolivia

... "Katia en su obra hace una narración de hechos reales. Narración, ella misma lo dice. "Narrativa, es el género literario que abarca el cuento, el relato y la novela". Un narrador, es alguien que tiene la habilidad de narrar, muchos tienen este talento y lo hacen por escrito, otros por medio de la oratoria. Lo admirable en Katia, cuando uno recorre las líneas que ella va escribiendo, sin percartarse se va metiendo dentro de la familia Fernández como un intruso,... nos emociona, vive el momento y el lector participa en toda esta trama o telaraña que los protagonistas van tejiendo en el transcurso de sus vidas. Ella, Katia, nos cuenta hechos insólitos, pero reales, que no son ajenos a nuestras propias vidas, pero dije: "nos cuenta" y "el cuento" es una parte de la "narrativa". El cuento es un relato, pero depende de cómo y a quién le cuentas algo. Y bueno, eso ya dependerá de cómo y a quién se expresa un cuento. Son detalles técnicos que uso para describir ésta obra magnífica.

Es importante recalcar que esta obra es y será un referente histórico para las futuras generaciones.

...Hablemos de ¿qué es el realismo mágico? Realismo mágico, son los relatos reales, pero mágicos, es la distorsión de la realidad, de ahí viene el realismo mágico. Es una frase que se pone de moda con Gabriel García Márquez, colombiano. Yo no entendía que era el realismo mágico, hasta que este hombre muere y tiene que morir para que yo me interese en qué significa el realismo mágico... y, doña Katia, yo me animo a decir que su obra está a la altura de Gabriel García Márquez.

"El arte que no es palpitante, como la entraña de una madre, no es arte... es ¡artificio!".

AGRADECIMIENTOS

A Dios todopoderoso
A la memoria de los personajes
que ya partieron
A los personajes que aún viven
A todos los que adquieran este libro

Muchísimas gracias,

PRÓLOGO

Esta obra es una recopilación de varios relatos basados en hechos reales. Se desarrolla en Granada, una ciudad hermosa de Nicaragua, en Centro América. Todos estos relatos cortos se relacionan entre sí con un hombre de orígenes de "abolengo"; un político y liberal empedernido; católico en la extensión de la palabra; de convicciones y criterio bien formados; mujeriego a más no poder; en fin, un personaje único.

Un tipo responsable en la extensión de la palabra. Una de sus máximas era: ***"Primero están las obligaciones y luego las devociones".*** En su hogar siempre hubo de todo: comodidades, lujos y mucho calor familiar. Un caballero que cumplió a cabalidad con sus obligaciones maritales y familiares. A su esposa –como ella misma contaba- siempre la tuvo sentada en su casa al cuidado de sus hijos, con varias empleadas domésticas a su mando, quienes le colaboraban en los quehaceres diarios.

De carácter fuerte, prepotente cuando creía que le asistía la razón (lo que era la mayor parte del tiempo); gustaba contar "chiles rojos" (chistes en doble sentido); jocoso, sonriente. Eso sí, cuando se enojaba, hasta temblaba y su cara se sonrojaba como si fuese un tomate; se empinaba y se mantenía sostenido en la punta de los dedos de los pies y discutía de tal manera que todo el mundo **"calladito se veía más bonito"**. Nadie se atrevía en un momento así a "bosticarle" palabra.

En su matrimonio se procrearon cinco hijos: La primera fue niña y le llamaron María Elia (murió al año y medio); Margarita María; Hernán Augusto; Efesio Cristóbal y Candelaria Estefanía. A este año, solamente Margarita María y Candelaria Estefanía, les sobreviven al resto.

Fue pasando el tiempo. Los hijos crecían a paso acelerado. Él siempre trabajando como "agente viajero", llegando a casa por una semana cada tres meses y depositando el dinero de la familia religiosamente cada mes, además de otros enseres domésticos que les mandaba por tren. Los hijos, creciendo sin la figura paterna, solamente bajo el respaldo y la sombra de la madre.

Toda la ayuda que le dio su esposa colaboró para ahorrar dinero, (como comentaba ella: trabajando duro) e invirtió su capital en la compra de tierras. Siempre decía: *"la tierra da, si algún día vas a invertir en algo, siempre pensá en la tierra".*

Compró vivienda para él y su familia en una calle conocida de la ciudad de Granada; adquirió una hacienda ganadera en el Departamento de Rivas; compró una quinta en Diriomo, un pueblo del Municipio de Granada (de donde era originaria su madre).

¡Buenos tiempos aquellos!

Estamos hablando de la época "dinasta" en que la Familia Somoza gobernó Nicaragua; situación que duró cerca de 45 años. Déjenme decirles que además de liberal, fue admirador de cada uno de los miembros de la familia en el poder, desde el General Anastasio Somoza García, hasta el último de ellos al mando, o sea, el General Anastasio Somoza Debayle, a quien dedicó devotamente tiempo, apoyando todas sus campañas electorales.

Ocupó cargos como los de Jefe Político y tesorero de la Alcaldía Municipal; fue miembro activo del Club de Leones y del famoso Club Social – en donde se celebraban las fiestas de la "alta sociedad" de la ciudad-.

Bien pudo aprovecharse de sus cargos, de su posición, de su excelente relación con el partido liberal y de su buena amistad con el General... Sin embargo, nunca lo hizo. Todo lo que obtuvo, fue por el fruto de su esfuerzo y su trabajo honrado y digno. Su letanía en la vida fue: *"No me aprovecharé de las circunstancias, porque no quiero que nadie más adelante diga que mi familia y yo somos, algo en la vida, gracias a la bondad de unos cuantos y a la desgracia de otros muchos".* Así de orgulloso siguió siendo hasta el final de sus días. Una de sus frases célebres: *"Hay que trabajar duro para obtener dinero, porque "el que tiene plata, platica".*

Sin embargo, los tiempos de gloria, estaban por llegar a su fin. La guerra de guerrillas, la sublevación del pueblo, el proletariado cansado de tanta opresión por la dictadura reinante por casi medio siglo en el país, estaba desbordando el vaso de la paciencia y llamando a la conciencia con grito acelerado. Vale la pena recalcar que sin darse cuenta, los "nicas" pasarían de un mal menor a uno mucho mayor, ya que "los Somoza" se tomaban turnos en el poder y compartían, mientras que los que llegaban, traían ansias de venganza y un deseo incontrolable de obtener cuotas de poder. Estos nuevos dictadores, son gente traicionera... Igual a las culebras, que cambian de piel pero no dejan de ser las mismas víboras venenosas de siempre.

Señores: **"todos los dictadores son enemigos de sus pueblos porque no les permiten avanzar en pro de su propio desarrollo".**

Espero estimados lectores que logren involucrarse en estos relatos cortos basados en hechos reales, en cada una de las vivencias propias de los personajes que existieron y de aquellos que todavía existen y recuerdan, pero, por encontrarse aun en el país, no se atreven a contar sus peripecias.

Así, entre tanta discordancia, se viene dando el desarrollo de cada relato. Todos ligados al personaje principal de esta obra y resumen -en pocas palabras- cuánto se tiene que aprender en la vida si nos basamos en nuestras propias vivencias.

Se darán cuenta como el paso de la existencia le da sorpresas a cada protagonista (dentro de su propio espacio) en cada uno de los capítulos que componen este libro.

Los nombres reales de los personajes han sido cambiados para proteger su identidad.

Gracias,
La autora.

CAPÍTULO I

EL INICIO

El personaje principal de este libro es don Hernán Augusto Fernández Fernández, nació en la ciudad de Granada, Nicaragua, en 1914. Sus padres fueron: Don Hernán Augusto Fernández Solari y doña Esther Justiniana Fernández Collado.

Contaba que a él y a sus hermanos (dos hombres, Pablo y Juan y una mujer, Juno) –ya todos fallecidos-, los creó una hermana de su padre, Doña Elisa María. Esto fue debido a la diferencia de clases sociales, pues el Sr. Fernández, era descendiente legítimo de españoles (o sea de origen noble) y doña Esther Justiniana era mestiza, o sea cruzada, sangre española con sangre india (era originaria del pueblo de Diriomo y sus parientes políticos le apodaban "la pueblerina"), marcando la distancia que exigía la sociedad circundante de la época; situación que a pesar de todo el ir y venir de las eras, sigue acentuándose en el país haciendo víctima de cada desavenencia a sus pobladores.

Fue un hombre alto, moreno claro, calvo desde muy joven (los genes de la calvicie corrían en su sangre), elegante, le gustaba el buen vestir, siempre decía: *"A como te ven, así te tratan"*. Siempre anduvo de saco y corbata; zapatos bien lustrados, sombrero del color del traje, bigote pintado en un estilo único, perfumado y bien afeitado. Su estilo de caminar era único, erguido, cabeza levantada y pasos de "gendarme".

Acostumbrado a obedecer las órdenes de su tía Elisa María, a quien orgullosamente describía como una mujer alta, blanca, gordita, cabello ralo y de ojos azules, de una seriedad incalculable y de carácter fuerte, se bachilleró y luego estudió contabilidad pública. Comenzó a trabajar a muy temprana edad como agente vendedor de productos del hogar; se movilizaba en el tren y pasaba meses fuera de la ciudad.

A los 20 años, ya con su título de contador público, consiguió trabajo en el Ferrocarril de Granada y comenzó a radicar en la ciudad de manera permanente. Durante ese lapso, conoció a la que sería su esposa, Emelina Estebana Martínez Suazo, quien en ese entonces, apenas contaba con 12 años de edad. Podrán imaginarse como fue todo aquello para el cortejo y el matrimonio tres años después.

Emelina Estebana Martínez Suazo. Hija de don Rodrigo Rafael Martínez Dubon (descendiente de franceses por parte de madre y de españoles por parte de padre) y María Elia Suazo Escalante (sus orígenes no figuraban en su árbol genético aunque se podría decir que pertenecía a una familia de clase media). Cuando contrajo matrimonio con María Elia, ella era una mujer viuda con un hijo de su difunto esposo. De la unión de Rodrigo Rafael y María Elia, nacieron: José Eduardo, José Efraín y Emelina Estebana Martínez Suazo.

Él era un hombre separado de su primera esposa con quien procreó varias hijas, entre ellas Vilma Auxiliadora Martínez Dubon (don Rodrigo Rafael y la madre de Vilma eran primos hermanos, la madre de él era hermana del padre de ella). Menciono esto, porque la hermana querida de Emelina Estebana fue Vilma Auxiliadora.

Siguiendo con la historia, fue *"un coctel de camarones"* –como lo definió en su oportunidad Emelina Estebana-, el hecho de su matrimonio con don Hernán Augusto. El padre de ella, le puso miles de piedras en el camino. Si no eran pruebas insuperables, eran asuntos irrelevantes. Pero a pesar de todo eso, con la bendición de su madre María Elia, se casaron a escondidas y pues ¡qué remedio! No tuvo otra alternativa que aceptar al yerno.

Contrajeron matrimonio en 1937 y en 1938 tuvieron su primera hija, a quien le llamaron María Elia (reponiendo a la madre de Emelina Estebana), pero la niña murió antes de cumplir un año.

En 1939, tuvieron su segunda hija, Margarita María; en 1941 vino el tercer hijo, Hernán Augusto; en 1943 el cuarto, Efesio Cristóbal y en febrero de 1947, Candelaria Estefanía (la "cumiche").

Doña Emelina Estebana era una mujer de carácter muy fuerte, mandona, directa, de aquellas personas que por ser tan francas caen mal la mayor parte del tiempo. Era de una sola línea y tenía únicamente dos palabras: "sí" o "no". Nunca titubeaba al dar una respuesta y siempre mantenía lo que decía. En pocas palabras, lo que es blanco, es blanco y lo que es negro, es negro, jamás bicolor.

Era del lema que *"las cosas habladas a tiempo evitan confusiones y malos entendidos"*. Esa es la mejor práctica para aprender a vivir la vida y de que otros aprendan a vivirla. Lástima que ninguno de sus hijos siguió su ejemplo, si no, *"otro gallo les hubiera cantado".*

Continuando con el relato, para el joven Hernán Augusto Fernández Fernández, siguió el ritmo del trabajo y la necesidad de adquirir una vivienda para la familia. Fue entonces, cuando decidió comprar una casona en una conocida calle de la ciudad de Granada. Así fue. Allí se criaron todos sus hijos, hasta que cada quien formó su familia, saliendo en busca de su destino.

CAPÍTULO II

MARGARITA MARÍA FERNÁNDEZ MARTÍNEZ

Margarita María Fernández Martínez, la que quedó ocupando el puesto de "hija mayor", es profesora de primaria ("normalista" –como se enorgullecía su madre al mencionarlo- pues estudió magisterio en la Escuela Normal de San Marcos, en el Departamento de Carazo, Nicaragua).

Como les narré anteriormente, Emelina Estebana, su madre, era poseedora de un carácter demasiado fuerte. No parecía. Su contextura era la de una mujer menuda, algo agraciada, morenita clara y extremadamente inteligente, aunque solamente logró llegar al sexto grado de primaria.

Se entretenía comprando libros para leer, a lo que se dedicaba la mayor parte del tiempo (con mucha disciplina cada tarde) con lo que enriqueció su léxico; se sabía la Sagrada Biblia de la "a" a la "z"; sabía las historias de los nobles de todo el mundo en esa época; leyó y re-leyó a Don Quijote de la Mancha; discutía con los "evangelistas" que se pavoneaban pregonando la Sagrada Biblia; en fin, ella misma decía: *"Por mi propia cuenta me enteré que para poder formar parte de cualquier debate en los círculos sociales que frecuentaba con mi marido, solamente leyendo lo conseguiría y fue lo que hice para sorprenderlo y que se sintiera orgulloso de mí... Y lo conseguí"*. Paralelamente, aprendió a bordar y a coser. De esa manera se acostumbró a estar ocupada y a no vivir pensando en *"lo que quizás estaba haciendo de malo su marido"*, pues ya suficiente tenía con la crianza de los hijos y como dicen: **"mente vaga, taller del diablo"**.

Sus salidas se daban únicamente cuando él llegaba a pasar sus estadías cortas a la casa, por lo menos tres veces en el año.

Fue muy complicado para ella, dar paso a los pretendientes de sus hijas. Solía decir: *"su padre no se mantiene en la casa y tengo que entregarle cuentas"*.

Pasó el tiempo inmensurablemente. Comenzaron los enamorados a aparecer en la escena de la vida de la hija mayor. El primero fue un "negrito" y "pegó el grito al cielo"; pues según ella, **"había que mejorar la raza, no empeorarla"**. Para quitarle la idea del muchacho, la mandó interna al Colegio Santa Teresita, en San Marcos, Carazo, a concluir el bachillerato, eso sí... sin derecho a visitas.

Cuando creyó que a su hija se le había quitado la idea del muchacho, la sacó del internado. Apareció entonces en su camino el joven Pancracio Amador Suárez, originario de Matagalpa. De origen humilde, solamente que contaba con el respaldo de su padrino, el Monseñor de la ciudad, para quien trabajaba de chofer.

Era un hombre alto, blanco, galán, trabajador y con la garantía de ser "ahijado de Monseñor", en pocas palabras "el partido perfecto".

Emelina Estebana, comenzó a permitir el cortejo sin que su esposo Hernán Augusto lo supiera y ahí radicó el problema.

Un día de tantos, llegó su marido y se encontró con la "sorpresa" de que su hija mayor ya estaba siendo cortejada con el permiso de su esposa por "un indio blanco". Su reacción fue escandalosa... Lo primero que dijo fue: **"¿por lo menos tiene para comprar el papel higiénico?"**.

Se lo presentaron pero no dio su aprobación para el noviazgo, porque el muchacho era "un pobretón que no tenía tierra donde caerse muerto". Sin embargo, su esposa, (quien siempre tuvo un olfato canino para saber quién sí y quién no convenía a sus hijas), siguió permitiendo el acercamiento de la pareja.

Llegó el momento en que querían casarse. La joven iba a cumplir 15 años, él andaba en los 17. Muy jovencitos; entonces, su mamá, sin acatar los mandatos de su esposo, permitió la boda en la iglesia de Catedral, celebrada por Monseñor –el padrino del novio-, quien les ayudó desinteresadamente proporcionándoles la renta de una vivienda (propiedad del Episcopado) que se conectaba con la parte de atrás de la iglesia.

Tremendo rollo se le armó a Emelina Estebana después. Don Hernán Augusto pasó sin hablarle a su hija Margarita María por dos años y con su esposa, la situación no siguió siendo la misma. No fue sino hasta después de un año de nacido el primer hijo de la pareja que hicieron las paces; cuenta ella que el enojo de su padre fue increíblemente doloroso.

Procrearon cuatro hijos: Pancracio Rafael (q.e.p.d.), María Reinalda, Luisa Verónica y Juan

Jesús. Déjenme decirles que los genes de don Hernán Augusto en la familia de su hija mayor, dominaron. Los hijos de Margarita María (a excepción de Luisa Verónica y Juan Jesús– parecidos a su papá-) son "Fernández 100 %".

Puedo describir a Margarita María como una mujer blanca, alta, cabello ralo y bastante claro, delgada, no es muy agraciada pero sí "elegante" con "buen porte". Era notorio que tenía clase... Según su padre parecía hija de su tía Elisa María, solamente le hacen falta aquellos ojos azules. Además – acostumbrada a los lujos que le daba su padre-, estaba hecha a vestir, calzar y comer bien. De toda la vida ha sido "adicta" a las joyas, viéndose bien "adornada" con ellas aunque la ocasión no lo ameritara, lo que llevó a su cuñado Raúl Cáceres Ubau a apodarla "la reina Goya".

Ya casada y con su primer hijo, se fue a estudiar magisterio a la Escuela de Normalistas de la ciudad de San Marcos en Carazo. Trabajaba y estudiaba. Mientras, Pancracio Rafael, crecía al cuidado de su abuelita materna. Luego llegó María Reinalda y siguió la misma rutina; Luisa Verónica y lo mismo; y aquí se detuvieron los pedidos de Margarita María a la cigüeña, por un tiempo prudencial de diez años.

Durante ese período, don Pancracio Amador Suárez, hizo un préstamo al banco, compró las herramientas y las máquinas suficientes e instaló su propio negocio, una tipografía.

Fue excelente administrador. Todo iba en crecimiento. Compró su casa (en la que todavía viven Margarita María y el último de sus hijos, Juan Jesús) en la ciudad de Granada, cerca del mercado municipal.

Además de haber adquirido la propiedad anterior, compró también un microbús para repartir los pedidos a los clientes, un auto para llevar a la familia de paseo y, además, levantó una casa-quinta en el terreno que les regaló su suegro muchos años después, ubicado frente a la quinta de ellos en Diriomo.

Como Don Hernán Augusto era un hombre imponente, de aquellos que *"mi gente tiene que hacer lo que yo digo y punto, porque quien tiene la plata tiene el poder"*, hago un paréntesis aquí para contarles que le regaló este terreno a Margarita María y a su marido con la condición de que construyeran en él una vivienda; lo que hizo que el esposo de su hija incurriera en un sin número de gastos no presupuestados, además de sacar a la familia de su "modus vivendi". Todo esto le acarreó al pobre hombre, solamente dolor de cabeza (los hijos reclamaban todo el tiempo, su esposa siempre inconforme, etc.).

En total los activos fijos del matrimonio eran: la casa en la ciudad, la casa de campo (la que Margarita María vendió en los ochentas –por miedo a que el gobierno "sandinero" se la confiscara-, en C$5 millones de córdobas un día antes del cambio de moneda, cantidad que por esta situación se le convirtió en C$5 mil córdobas oro o sea que *"le salió más caro el caldo que los huevos"*) la tipografía y los vehículos.

Pasaron los 10 años y llegó Juan Jesús (el último hijo de la pareja). Tres meses después que el niño cumplió 2 años, a don Pancracio le detectaron "cáncer pulmonar". Él nunca fumó, pero pasó inhalando el humo de segunda mano de los trabajadores de su negocio por años y eso le ocasionó esta enfermedad tan drástica.

El señor Amador Suárez, preocupado por su situación, viajaba a Costa Rica a tratarse su enfermedad. También visitó curanderos, hierberos, brujos, esotéricos de todo tipo, buscando cómo evitar el final drástico que se avecinaba.

Margarita María, sus hijos, algunos familiares y amigos cercanos (dando énfasis a su catolicismo), se reunían diariamente a las 5:30pm, en su casa de habitación para rezar el "santo rosario" (pidiéndole a María Santísima por la sanación de don Pancracio). Sin embargo, su destino ya estaba escrito... Su agonía se prolongó por aproximadamente año y medio.

Llegado el momento de lo inevitable, no pudo seguir viajando a Costa Rica. Las cosas para él se vinieron complicando a tal extremo que tuvieron que hospitalizarlo en la sección "privada" del Hospital San Juan de Dios de la ciudad. Ahí pasó los últimos 3 meses.

Agobiado por la angustia y sabiendo que la vida se le escapaba como arena entre los dedos, tenía que actuar pronto para dejar a su familia asegurada ante el desenlace que se venía. Mandó a llamar a su suegro y entre los dos llegaron a la conclusión de que lo mejor era nombrar a su esposa Margarita María como "albacea universal de todos sus bienes", con una cláusula adicional en el testamento... **"Hasta que ella fallezca, los hijos podrán tomar posesión de todo".** Y así fue. Murió don Pancracio un tres de mayo (día de la santa Cruz) de 1975.

Fue un hombre muy querido. Conocido a más no poder. Excelente hijo, esposo, padre... Su sobrina Anastasia Catalina –hija de la hermana de su esposa-, guarda excelentes recuerdos de su tío político, a quien cataloga de dulce, amable, atento, prudente... en fin, un ser humano especial.

El día de su muerte, lo lloró el rico y también el pobre. Muy generoso y desprendido. No hubo un cristiano que llegara a su negocio solicitando algo que no lo obtuviera de él y hasta con más de lo que necesitaba salía de allí. Podrán imaginarse la cantidad de gente que llegó a su vela y a su entierro. Eran más amigos y conocidos que miembros de la familia y todos lo lloraron. Hasta su perro salchicha lo sintió, el que no se apartó nunca de abajo del ataúd, con una mirada tristemente melancólica y gruñendo -en tono amenazante- a todo el que se acercaba a ver por última vez a su difunto amo.

No habían pasado dos meses de haberlo enterrado, cuando su viuda ya tenía el suplente. Un hombre veinte años menor que ella y para mayor de los males, trabajador de la tipografía del difunto.

Los comentarios de la gente y los rumores de las malas lenguas, no se hicieron esperar. Dijeron que "desde en vida" ella ya le era infiel. Sin embargo, ella dice "tener su conciencia tranquila", porque nunca le faltó a su esposo.

El asunto radica en que el joven amante de Margarita María, George Louis Ledesma se involucró clandestinamente en la guerra de guerrillas y se fue con el frente sur, que dicen que operaba sus actividades bélicas para derrocar a Somoza Debayle desde el vecino país de Costa Rica.

El tipo era carente de gracia. Su falta de presentación era total. Su físico era de una rara y extraña combinación ante el ojo humano. Don Hernán Augusto decía: *"Este hombre entra en el grupo de los feos siniestros y de los guapos impresionantes"*. Encima de todo eso, era casado con una joven de su mismo estrato social, pues su familia vivía en los predios de uno de los arroyos de la ciudad y se dedicaba a la elaboración de cajetas.

Cuando la "cajetera" esposa de George Louis se dio cuenta de su romance, se bebió una lata entera de "insecticida" para suicidarse y hacerlo "recapacitar", pero todos los intentos de ella por "sanear" su relación, fueron en vano. Tan es así, que en definitiva se quedó con su "ojitos de gato" –como solía llamarle a la viuda conquistada- radicando en Costa Rica. En pocas palabras *"a la fuerza, ni los zapatos entran"*.

Ante las crueles críticas de la sociedad granadina, el joven no tenía ningún tipo de atributos como para merecer una mujer de la clase social de la viuda.

La familia de él cuando se dio cuenta del noviazgo, no dudaron un segundo en abrirle las puertas a la nueva adquisición del joven, dejando de un lado, el compromiso que él había contraído anteriormente.

Los padres de George Louis, eran un "recolector de basura" y una "lavandera". Todos en su totalidad, "feos" de apariencia pero con un excelente corazón convenenciero. Sus hermanas, Estrella y Margot, bailaban en esta relación "el son" que su nueva cuñada les tocaba porque las llenaba de buenos regalos todo el tiempo.

Pasaron los años. Se armó la guerra civil en Nicaragua y el derrocamiento de Somoza era inminente. Hubo enfrentamientos en el momento menos esperado, de día o de noche, el peligro era latente cada vez más y más.

El enamoramiento de Margarita María no tenía límites. Vendió todas sus joyas y tomó el poco efectivo que había logrado "capear" y se enrumbó hacia el vecino país (al sur de Nicaragua), siguiendo al "hombre de su vida" –como comúnmente le llamaba- a su joven "querido".

Desde antes de salir de su país, había hecho contacto con unos parientes en San José, Costa Rica, quienes le abrieron las puertas de la casa a ella y a su nueva conquista. La nueva pareja estaba viviendo un idilio, como la viuda siempre había anhelado: aventura, fogosidad, en fin, le encantaba que el olor a la pasión se quedara impregnado en su piel con sus candentes deseos, una experiencia que no vivió con el difunto –el único hombre que siempre la amó de verdad... Sinceramente-.

La relación trajo consecuencias. Se embarazó de él. Regresó con su "sorpresa" a Nicaragua y se encontró con toda la catástrofe que estaba pasando en ese momento la familia con el encarcelamiento de su padre por el régimen sandinista y con la disgregación de sus hijos, cada uno por su lado, haciendo lo que les venía en gana.

Su hijo mayor Pancracio Rafael, se casó con una mujer interesada en la extensión de la palabra; María Reinalda, se involucró con un "compa" de estrato social bien bajo, pero al final, se casaron por lo civil y por las armas; Luisa Verónica, se involucró con un vago de clase media y Juan Jesús, no podía hacer lo que sus hermanos porque era un niño.

Se pueden imaginar la sorpresa de doña Emelina Estebana cuando la vio "preñada". Según Margarita María, tenía de embarazo (cuando regresó) ocho meses y medios, pero cuando pasaron 2 meses y nada de nacer el bebé, decidieron ir a pasar consulta en la emergencia del hospital general y se dieron cuenta que la cría estaba "muerta" desde hacía una semana en el vientre de la madre. En ese momento, procedieron a practicarle una cesárea de emergencia, porque "el producto podía gangrenársele dentro".

Cuenta Margarita María, que cuando le llevaron a su bebecito muerto, tenía hebras de cabello enrolladas en sus muñecas y en sus tobillos. Dijo que una enfermera le dijo que eso era *"que alguien que no la quería, le había amarrado los meses"* para que el bebé no naciera.

Ella hasta la fecha, es muy dada a las creencias esotéricas. La lectura del horóscopo del famoso "Walter Mercado" es toda una disciplina en su vida. Después que salió del hospital, se fue para Masaya a consultar a una famosa cartomántica, conocida como "doña Lolita" y ésta le confirmó la sospecha... *¡LE AMARRARON LOS MESES!*

La cosa es que la tal "doña Lolita", aseguró –además- que quien había hecho eso, era la ex esposa del padre del niño, quien nunca estuvo conforme con que el marido la dejara y menos por una mujer mucho más grande en edad que él.

Para mayor de todos los males, el padre del bebé, pasó a formar parte del ejército nuevo del país y se mantenía "enmontañado" la mayor parte del tiempo. Ella nada más tenía noticias cuando mandaba algún recado con sus padres y ellos, le pasaban la voz.

No pudieron estar juntos después de este episodio, de la distancia, de los comentarios que hacía la familia de ella sobre el joven; de la desconfianza de sus hijos; de las visitas sorpresivas de su madre Emelina Estebana cuando se enteraba que estaban visitando a su hija los "suegros de medio pelo" que se había conseguido; en fin... todo el entorno estaba en contra de la relación.

La marea ya había bajado considerablemente, el tiempo iba pasando sin medida y el joven nunca más apareció... Margarita María es una mujer que no ha podido mantenerse sin compañía, es temerosa de la soledad, porque considera a ésta como el peor de los castigos; ante tal convicción, contrajo nupcias por lo civil y por la iglesia con un primo hermano, Edgardo Rodríguez Fernández, hijo de la única hermana de su padre (su tía Juno) y a quien su suegra cariñosa y quijotescamente apodó: **"El caballero de la triste figura"**.

Este hombre es medio "taimado". Alguien encerrado en sus propias creencias, desconfiado y con un gran complejo de inferioridad. Sin embargo, duraron juntos una década y se separaron porque la tía-suegra, y las primas- cuñadas, estaban siempre ahí... Metiendo la cuchara donde no las habían llamado y pues, *"gato no come gato y si se lo come lo vomita"*.

Hago un paréntesis para comentar que Margarita María dejó de ejercer el magisterio muchísimo tiempo antes de la edad de su retiro, pues con la cartomántica de Masaya, aprendió a "tirar la baraja", a lo que se dedica hasta hoy día.

Resulta que una vez, ya les estoy hablando del día en que la gota derramó el vaso, ella había terminado de atender a "unas clientas", había pasado dando "consulta" desde las 6 de la mañana; cada "piche" le pagaba por la "consulta" C$60.00 córdobas y a las 12 del día, ya había hecho C$420.00 córdobas, suma que (en ese entonces), equivalía a 4 veces más al salario que gana un profesor de primaria por día.

El negocio de la "cartomancia" le estaba dando para vivir "requeté bien", desde su casa y sin verle la cara a nadie. Esto le incomodaba a su familia política, quien vivía echándole encima a Edgardo y los pleitos entre ellos ya era algo insoportable... ahora hasta Juan Jesús que ya era un hombre, tomaba partido en el asunto.

Este día, Juan Jesús, tomó un machete y casi acaba con la vida de Edgardo, quien había llegado como energúmeno exigiendo atenciones y sin dar ni un peso para colaborar en una casa en donde todo lo había encontrado prácticamente servido.

En su nuevo "negocio" se encontró con miles de situaciones engorrosas. Su amor por el dinero fácil la empujó a practicar y a experimentar con trabajos de "brujería". Se aventó y llegó la primera cliente a quien le cobró por "amarrarle al marido" $200 **dólares**. Se fue la mujer tranquila. Pasaron los días, los meses y el plazo que ella le había dado para que el tal trabajo diera resultado, pues ya había caducado.

La mujer llegó hecha una fiera a reclamarle el dinero y nada es eso, con policía y todo cuento, situación que la obligó a salir huyendo a la casa de su madre por unos siete días hasta que la mujer se cansó de llegar a buscarla y olvidó el suceso, perdiendo su dinero.

La separación de Edgardo no se hizo esperar. Sin embargo, siguen sin divorciarse legalmente. Margarita María, se volvió a involucrar con otra persona, también casada, con hijos mayores y a este fulano, quien es su pareja actual, le lleva diez años.

Martín Caldera es su nombre. El tipo la ha tenido engañada por 16 años, diciéndole que se va a separar de su esposa y nunca lo hace. Ella para agradarlo, le regaló un auto, lo chinchinea y lo atiende a cuerpo de rey, pero aquí viene la venganza, el joven guerrillero padre de su último hijo, apareció hace unos 6 años de nuevo en escena, ya cuando ella está en la relación con Caldera y no se atreve a decirle NO a ninguno de los dos y vive con ambos en diferentes días y fechas. Amén de todo lo anterior, su esposo Edgardo "le hace sombras en las esquinas", llorándole las tristes cada vez y cuando; ante tal situación, se da el lujo de responderle: *"vos tuviste tu oportunidad y la perdiste, así es que, pique y hale"*.

Bien dice el refrán que **"la venganza es un plato que se come frío"**. A los años que tiene (75 abriles que no aparenta) es una "gran hazaña" tener dos hombres menores que ella y un esposo arrepentido "arrastrándose a sus pies".

Cuando se refiere a sus hijos, como madre considera únicamente en este concepto a Luisa Verónica y a Juan Jesús. A la primera, porque es quien le manda una mesada en dólares desde la tierra del Tío Sam y al último porque es quien "le tapa y acepta" sus deslices; por lo tanto, son los que heredarán todos sus bienes cuando fallezca, rompiendo así con la última voluntad del padre de sus hijos, don Pancracio Amador Suárez. Suele decir: "Pancracio Rafael (hijo), ya no existe y María Reinalda no merece nada, *"porque me deseó la muerte el día de la vela de su padre"."*

CONCLUSIÓN

A todo esto: **"Quien esté libre de culpas que lance la primera piedra".**

Cabe mencionar aquí **San Juan, capítulo 7, versículo 24:** "No juzguéis según las apariencias, sino juzgad con justo juicio".

COMENTARIO DE LA AUTORA: Algunas personas vivimos la vida sin privaciones y sin poner mente al qué dirán... A como el personaje de este relato "quijotescamente" dice: *"Yo me preocupo cuando no hablan de mí y me fascina cuando lo hacen, porque significa que voy galopando".*

Moraleja: El que vive despreocupadamente es feliz toda su vida. Sin adelantarse a los acontecimientos; sin vivir en el pasado; sin comer ansias por el futuro y sin detener su andar en el presente.

CAPÍTULO III

PANCRACIO RAFAEL AMADOR FERNÁNDEZ

Pancracio Rafael Amador Fernández, fue el hijo mayor del matrimonio de Margarita María Fernández Martínez y Pancracio Amador Suárez.

El niño fue quien hizo que don Hernán Augusto volviera a acercarse a su hija, después de haberse casado sin su consentimiento años atrás.

Comenzó de nuevo la convivencia. Esta vez el niño se quedaba en casa de sus abuelos, mientras su madre trabajaba en la Escuela "Sara Mora de Guerrero" dando clases en primaria y su padre "chofereaba" para su padrino (el jefe de la curia arzobispal de la ciudad).

No crean que doña Emelina hacía la labor de "nana" de gratis, no... nada que ver. Su hija tenía que pagarle en ese entonces (entre los años 1955-1956) C$50.00 córdobas al mes más la comida por cuidar a su "primer" nieto.

Margarita María, trabajaba y seguía estudiando. Pancracio, trataba de ahorrar lo más que podía.

Así siguieron las cosas. Cuando el niño iba a cumplir los tres años llegó su hermanita María Reinalda; a los tres años de ella, llegó su otra hermanita Luisa Verónica y a los diez años de esta última llegó Juan Jesús.

El muchacho fue creciendo en medio de lujos y en un espacio donde no hacía falta nada. Estudió primaria y secundaria en el Colegio "Servio Gómez" de la ciudad. No quiso estudiar en la universidad y tampoco aprendió un oficio para defenderse en la vida.

Se dedicó a la vida loca. Echó por el "desagüe", todos los valores morales que aprendió en el seno familiar. Comenzó a beber, a jugar "dados y ruleta" y a tomar prestado cualquiera de los vehículos de la familia para irse a parrandear. Se involucró con una joven inescrupulosa, la que tiró sus medidas al ver que venía de familia "pudiente" y lo engatusó hasta casarse con él, pensando que algún día ella y sus hijos serían parte de la herencia del muchacho; a tal punto que pretendió posesionarse de la casa de la suegra y mandar más que ella.

Un día instigó tanto a su marido en contra de la madre de este, que por poco le da de golpes. Si no hubiera sido porque en ese momento llegaba de visita la hermana menor (Candelaria Estefanía) de Margarita María y se fajara con la nuera de su hermana, entre los dos (hijo y nuera) la "mal mataban".

Fue un matrimonio que estuvo mal desde el comienzo. Al no haber estudiado, se vio obligado a realizar trabajos como el de "cobrador de buses" para llevar algo de comer a casa y en una de tantas veces, encontró a su esposa siéndole infiel con un vecino en su propia casa.

Pueden imaginarse el "bochinche" que se armó. Él tomó sus cosas y fue a vivir donde su madre, a la casa que les había dejado su padre. Ahí se enfermó de "tuberculosis" y se le disparó la "diabetes".

Se curó de la primera, pero la diabetes fue en aumento y le paso de tipo II a tipo I (esta última es la etapa más fiera de la enfermedad y quien la padece, tiene que inyectarse insulina). Se puso muy pero muy delgado. Se deterioró física y anímicamente.

Su madre, a pesar de los inconvenientes del pasado, le brindó atención de acuerdo a sus posibilidades, aunque, cuando el hijo pasó a mejor vida, no se le vio derramar una lágrima.

Le dio un "coma diabético" por lo que tuvieron que internarlo en un hospital de Managua, sin embargo, la familia cree que todo esto se dio por la tremenda pena moral que le causó el hecho de que su ex-mujer lo traicionara, así como el haberse separado (obligado por las circunstancias), de sus hijos. Murió a los 47 años.

Su hermana Luisa Verónica ya había emigrado a los Estados Unidos de América y fue ella quien costeó el funeral, enviando a su madre el valor en dólares para todo lo que se necesitara para la vela y el entierro.

María Reinalda, fue quien dio las vueltas para sacarlo de la morgue y llevarlo desde Managua hasta la casa de su madre en Granada para velarlo; pero se cobró el favor.

Juan Jesús, pues no pudo hacer mucho, más que apoyar a su progenitora.

Al momento de la vela no había casi nadie en la casa. En el entierro, tampoco. La gente se podía contar con los dedos de las manos. Sus hijos brillaron por su ausencia. Después se supo que la ahora viuda, no les permitió a sus tres hijos, (dos niñas y un varón) ir a las honras fúnebres de su padre. Para mayor de los colmos, la hija mayor es el "clon" de su abuela Margarita María. Su parecido con ella es realmente impresionante. Aunque se cree que nunca van a relacionarse. Se pueden encontrar en la calle, se conocen, pero "hasta allí no más".

Don Hernán Augusto, no se apareció del todo, porque le guardaba un gran rencor, debido a que en el pasado, su difunto nieto se había ensañado con él, acusándolo de un delito que no había cometido; no fue sino, por intercesión de doña Emelina Estebana, su esposa, que permitió que lo enterraran en las bóvedas de su propiedad.

CONCLUSIÓN

Cito aquí el SALMO 51, versículos 1 y 2: "Ten piedad de mí oh Dios, conforme a tu misericordia; conforme a la multitud de tus piedades borra mis rebeliones. Lávame más y más de mi maldad y límpiame de mi pecado".

COMENTARIO DE LA AUTORA: La vergüenza se da a causa de las faltas cometidas, de acciones deshonrosas y de situaciones humillantes. Hay que tener estimación de la propia honra.

El dinero, las comodidades, los lujos, lo material... todo se queda. El amor, los buenos consejos, la forma de hablar y disciplinar a los hijos ayudará en su caminar y es la herramienta fundamental para moldearles el carácter y hacer de ellos seres humanos de bien.

No debemos darles todo "servido en bandeja" si no deseamos que tomen caminos equivocados porque creen que merecen tener el mundo a sus pies. Lo más aconsejable y como desafortunadamente no vienen con un manual de instrucciones debajo del brazo, es aprender a impartirles disciplina con amor.

CAPÍTULO IV

MARÍA REINALDA
AMADOR FERNÁNDEZ

María Reinalda Amador Fernández, es la segunda hija del matrimonio de Margarita María Fernández Martínez y Pancracio Amador Suárez.

Fue creada (igual que sus hermanos) en el lujo total. Se educó en el Colegio Francés de Nuestra Señora de Guadalupe de la ciudad de Granada, en donde estudió primaria y secundaria; sin embargo, no logró bachillerarse por haberse enamorado antes de tiempo y por las circunstancias que en ese momento rodearon su entorno, envolviendo su vida dentro de una nebulosa gris.

Cuando estudiaba, lo hacía escuchando en su grabadora los k-sets con música en inglés de "Barry White", "Los Bee Gees" y "Los Beatles" y hasta hacía creer que las cantaba en ese idioma. Comenzó a fumar a los 11 años.

Fue la hija favorita de su padre. Como "la consentida", tenía privilegios en la casa. Sus deseos siempre fueron "órdenes" para su papá.

Con su madre no congeniaba mucho. La diferencia de caracteres era muy notoria. La madre, siempre imponía el orden, mientras que el padre era más blando (en pocas palabras "alcahuete").

Respondona a más no poder. Se iba sin permiso con las amigas a las discotecas, al cine, a andar "halando". Tuvo muchos novios. El que más le pegó fue el sobrino de uno de los doctores más conocidos de la ciudad.

No se quedaron juntos porque la madre de éste tuvo siempre la maña de "escoger" las mujeres con quienes quería que se casaran los hijos. Y para este hijo en especial, había escogido a una joven adinerada de origen costarricense.

Lloró por él a más no poder. Pero acá su padre no pudo hacer nada, más que llenarla de mimos y lujos.

Supo de la gravedad de su padre lo que la impactó enormemente, haciendo que llorara por los rincones y cuando el final se fue acercando, no pudo asimilarlo... Le fue muy difícil aceptarlo.

Eso mismo pasó cuando murió. Le decía a sus amigas en la vela: *"la que se debió haber muerto es ella"* –refiriéndose a su madre-.

Pasó lo que tenía que pasar. Se vino encima el desliz de su madre con el joven soldado sandinista, ex trabajador de la tipografía de su padre; tuvieron que mudarse a la casa de los abuelos. Como no se bachillerara, sus abuelos la indujeron a estudiar secretariado comercial en la escuela de comercio de doña Vilma Brenes, pero tampoco concluyó sus estudios. Igual que su madre, se había enamorado de un "compa" (un soldado sandinista que había entrado a la ciudad con la revolución en 1979).

El hombre se la robó y se la llevó a vivir a San Marcos, Carazo; dicen que se "casaron civil y por las armas", muy común en el país en los años ochentas. Es un "indito" de origen muy humilde. Su casa era de suelo y de madera. Cocinaban en cocina de leña. Su madre tenía crianza de gallinas, patos y cerdos y echaba tortillas para vender. La pobreza no tiene por qué dar vergüenza, pero para quien estaba acostumbrada a vivir como princesa, pasar a ser cenicienta, era un golpe mortal.

Otra vez se había formado una pareja desigual en la familia. María Reinalda es una mujer con buen

CUERPOS FUGACES Relatos Basados en Hechos Reales   33

porte, actualmente va a cumplir 54 años. Es alta, blanca como la nieve, achinada, pelo ralo (algo rubio) y gordita. Siempre ha sido llenita, de un estilo inigualable.

Aunque a la par de Mateo –su pareja-, era visible la diferencia social. Tuvieron 5 hijos y al final de la relación, ya con sus hijos grandes, le fue infiel al hombre, quien al darse cuenta de lo que hacía su mujer, le daba mala vida, golpeándola hasta casi dejarla comiendo por manos ajenas, no sin recibir su merecido por el nuevo actor en escena.

Ella trató de amoldarse a la economía de quien había escogido para hacer una familia, sin embargo no lo logró. Por eso salía de vez en cuando, a "robarse" las cosas de su familia para llevarlas a vender y de esa manera, tratar de mantener su estatus de "niña fresa".

Anduvo haciendo "visitas de cortesía" de casa en casa y de cada una de las viviendas se desaparecía dinero, electrodomésticos y cosas de valor. La familia no podía creer que ella fuera capaz de hacer eso, sin embargo, en varias ocasiones "la agarraron con las manos en la masa".

Nunca la echaron presa, porque su abuela Emelina decía que era mejor mantener eso así, siempre preocupada por el qué dirán. La peor de las ironías es que "a quienes más les robaba era a ellos... A sus abuelos".

Una vez planeó con un pandillero atracar a su abuela cuando saliera del banco, despojándola del dinero, de las llaves de la casa y de todo lo que llevaba en su bolsa en el momento. La anciana terminó golpeada y tirada en una de las cunetas de la Calle El Caimito y sin la materia prima para hacer frente a los gastos mensuales de la casa.

Al maleante, lo capturó la policía y "cantó" el nombre de su cómplice con todas las letras... María Reinalda Amador Fernández. Aun con esta prueba fehaciente, la abuela (se cree que por vergüenza), siguió dándole el beneficio de la duda, aunque mandó a cambiar cada cerradura de la casa para mayor seguridad.

La última gota que rebasó el vaso: Ella sabía cuándo su abuelo tenía que recolectar los alquileres de una colonia de casas en la Calle Santa Lucía, propiedad de un amigo para quien trabajaba por comisión por hacer esta labor. Ese día, llegó a pasarlo con ellos, con el cuento de que "casi no los visitaba y les hacían falta".

Su abuelo no se la tragaba por las tantas veces que ya los había atracado y le dijo a su esposa: *"Pelá el ojo con esta mujer, acordate que es dada a echarle el guante a lo ajeno"*; ella como de costumbre, le contestó: *"Ahí vas con tu desconfianza... La muchacha viene porque se siente sola y nosotros somos su única familia".* Resulta que en un abrir y cerrar de ojos, como toda una experta, abrió el maletín que usaba su abuelo y sustrajo el dinero. Cuando don Hernán se levanta de su siesta esa tarde, ella ya se había "bailado" con el botín. Confiado, toma su maletín y al abrirlo ¡oh sorpresa! ... ¡Los dólares se habían esfumado! Dio un grito: ¡NOOOO! Y cayó al piso inconsciente. En ese momento, lo llevaron directo al hospital.

Cuando recuperó la conciencia, le comentó a su mujer lo sucedido diciéndole: *"Te lo dije... te acordás";* y ella le respondió: *"No te preocupes lo tomaremos de los ahorros, pero no hagas escándalo".* Y ella, María Reinalda desapareció de la ciudad por quince meses después de esta hazaña.

Era tanta la precariedad en la que había caído, que su hijo mayor nació en poder del matrimonio de su tía Candelaria Estefanía y Raúl Cáceres, a quienes les tocó desde llevarla al hospital, la leche y todo su alistamiento pre y post parto.

Cuando el bebé tenía tres meses, apareció en escena el padre del niño y se los llevó. No supieron más de ellos hasta después de siete meses, en que volvió con su hijito y un nuevo embarazo. Este segundo embarazo, le costó a doña Emelina.

Y así sucedió con cada barriga. El hombre se las ponía y otros costeaban los gastos de los partos.

Los muchachos fueron creciendo. El mayor se enfiló en el ejército. La segunda se fue con el novio y se embarazó a los quince años. Los otros tres quedaron al cuidado de la abuela paterna o sea la suegra de María Reinalda, pero al final, la madre tuvo que hacerse cargo de su "carga".

Cuando lo anterior sucedió, en vez de enseñar a los muchachos valores y buenas costumbres, les enseñó cada una de las mañas que sabía.

Resulta que Margarita María para ayudarle un poco a su hija, se llevó a vivir con ella al tercero de sus nietos. El muchacho ya llevaba las instrucciones de la madre para "atracar" a su abuela.

Una vez, su abuela tuvo que salir por todo el día y su tío Juan Jesús iba a quedarse dos días en Managua, fue el momento apropiado y le robó todas las joyas valoradas en siete mil dólares, en cuenta algunas piezas que todavía no había pagado.

Así pasó con todos los miembros de la familia que inocentemente le abrían las puertas. A su prima Anastasia Catalina, le "bateó" su anillo de graduación, sus anillos de compromiso; cosméticos y dinero en efectivo. Con la diferencia que ella le mandó la policía a la casa de su madre y tuvo que devolverlo todo. Con esta acción, se echó encima a su abuela Emelina por un buen tiempo, pero alguien tenía que darle una lección y asustarla.

Todo lo anterior lo hacía para mantener al hombre contento y por darse ella las ínfulas de "ricachona" con las que creció y a las que la acostumbró su padre fallecido.

Su mala fama corrió de boca en boca por toda la ciudad. La gente sabía de su "ninfomanía". Cuando la veían venir, simplemente cerraban las puertas y si no tenían escapatoria, la dejaban entrar pero le soltaban los perros para que no pasara de un solo sitio.

Hoy día, se cambió de religión. Pasó de católica a cristiana. Su pareja actual es mucho menos agraciada que el padre de sus hijos. Tan es así que su abuela apodó al susodicho **"míster Go" o "señor gorila"**, con cierto parecido –según ella- a los habitantes del **"reino de Micomicón"** – haciendo uso de una de las tantas aventuras que leyera del ilustre caballero don Quijote de la Mancha- apodando a su nieta como **"la princesa micomicona"**. Viven en un cuarto de suelo, tabla y zinc. Él se gana la vida en la elaboración de "cajetas" y ella es profesora "empírica" de primaria. Así subsisten.

Es menester hacer referencia que quien más le ha ayudado es su tía Candelaria Estefanía, quien al ver sus necesidades extremas de siempre, desde que su padre murió, le colaboraba con comida, dinero, ropa, etc., para ella, su pareja y sus hijos. A pesar de esto, ha amenazado con agredirla y dejarla comiendo por manos ajenas. Aquí se ve cómo es mal agradecida... *"Así paga el diablo a quien bien le sirve"*.

Casi no visita a su madre. Es raro verla por allí. Solamente va para ocasiones especiales –si acaso-.

Para sus hijos es como si no existiera. Ninguno de ellos la visita. Su vida hoy día se limita al "señor Go", al trabajo y a la iglesia.

Aunque dicen que ya no "roba", todavía hay algunos que la ven con recelo, incrédulos de que ya no lo haga. Bien dice el refrán: *"críate fama y échate a dormir"*, pues *"gallina que come huevos, ni que le quemen el pico"*.

CONCLUSIÓN

Cabe resaltar acá dos citas de los Proverbios de las Sagradas Escrituras:

Proverbios capítulo 1, versículo 32: "Porque el desvío de los ignorantes los matará y la prosperidad de los necios los echará a perder".

Proverbios capítulo 29, versículo 17: "Corrige a tu hijo y te dará descanso y dará descanso a tu alma".

Se cita acá un fragmento del discurso de "Er el armenio", originario de Panfilia a quien el filósofo griego Platón enfatiza en uno de los tantos diálogos sostenidos con el maestro de los filósofos Sócrates en el "libro décimo" de "La República": *"Las almas eran castigadas diez veces por cada una de las injusticias que habían cometido a lo largo de su existencia; que cada castigo duraba cien años -duración natural de la vida humana-, a fin de que el castigo siempre fuese décuplo para cada crimen".*

COMENTARIO DE LA AUTORA: El hecho de que el personaje de este relato estaba acostumbrado a la buena vida, con caprichos cumplidos, se le fue transformando en una mala costumbre. Hasta hoy día, parece que está quemando algún tipo de karma –por el que sigue pagando con creces, recordando lo relativo al comportamiento del alma en cada viaje, citado en el párrafo anterior-. A pesar que tiene un trabajo honrado y digno, todavía la suerte, el destino o como queramos llamarle no le han sonreído. Vive quejándose todo el tiempo de su situación y con esto atrae más de lo mismo a su vida. Además, a quienes atracó en su momento, no padecen de "amnesia". Así es la vida, si haces algo bueno, nadie se acuerda de ello; pero, si haces algo malo, sobra quien lo recuerde y te lo eche en cara.

Moraleja: Debemos tener cuidado de cómo vivimos la vida, para que más adelante nuestros descendientes no tengan que avergonzarse de nosotros; para no ser el plato del día en el medio circundante y para que la rueda del karma deje de girar perjudicando cada existencia del alma inmortal.

CAPÍTULO V

LUISA VERÓNICA AMADOR FERNÁNDEZ

Luisa Verónica Amador Fernández, es la tercera hija del matrimonio de Margarita María Fernández Martínez y de Pancracio Amador Suárez.

Es la versión femenina de su padre Pancracio. Estudió primaria y secundaria, igual que su hermana María Reinalda, en el Colegio Francés de Nuestra Señora de Guadalupe. No concluyó sus estudios de bachillerato debido a la muerte de su padre, situación que los sumió en una eterna tristeza por la pérdida del ser querido y por la escasez económica que esto significaba en el nuevo papel que tenían que jugar por su nueva condición.

Sin embargo, cuando le tocó ir a vivir con sus hermanos a la casa de sus abuelos (porque su madre se fue siguiendo a un nuevo amor), pudo sacar estudios básicos de mecanografía en la escuela de doña Vilma Brenes y con eso consiguió trabajo como recepcionista/mecanógrafa en una pequeña empresa que distribuía productos de limpieza, en un sitio de la ciudad de Granada, conocido como "Villa Sandino". Iba a cumplir entonces, 17 años.

Logró mantenerse, pero ella quería más. Aunque no tenía el conocimiento para adquirir un mejor empleo, con un poco de ingenio logró conseguir trabajo en otra empresa más grande. Ahí fue escalando poco a poco y la fueron premiando con entrenamientos y cursos libres lo que le fue de gran ayuda. Duró en ese empleo cerca de doce años.

Mientras lo anterior pasaba, se enamoró de un vago de clase media, hermano del ex novio de su hermana María Reinalda. La diferencia es que ella se embarazó y se fue a vivir por una larga temporada a la casa de su suegra, en donde nació su hija mayor.

Luego las cosas comenzaron a venirse abajo. Él nunca trabajó, siempre vivió a la sombra de lo poco que su madre le financiaba (era dueña de una pulpería) o de lo que gentilmente le tomaba "prestado sin su consentimiento", y ya no se diga, de lo que lograba "arrancarle" a su mujer cuando le pagaban. Amén de sinvergüenza, era mujeriego, jugador y borracho (faltándole únicamente tres calificativos más para completar **"los siete vicios del garrote"**).

Decía doña Emelina Estebana como "matrona" de la familia: *"¡Qué mujeres estas descendientes mías más pendejas! De buena familia, con un puesto en la sociedad, estudiadas, acostumbradas a tener todo desde que nacieron, con oportunidades de conseguir hombres a su altura y siempre se fijan en tipos "don nadie" y lo peor del cuento es que se lo llevan a uno en el saco, embadurnándonos la cara de charmelina pura..."*. Vale más que nunca se hayan casado.

El círculo se fue cerrando cada vez más y ahora con los gastos de su hija recién nacida, toda la economía se desbalanceaba y lógicamente, ella en vez de darle a él para sus vagancias, prefería comprarle la leche a su niña.

Pues el muy cínico, en vez de buscar trabajo, se dedicó a ser "gigoló" y las mujeres comenzaban a llegarlo a buscar a la casa de la madre a cualquier hora.

El vaso de la paciencia se derramó. Ella ya no creía más en él. Se aburrió de la situación, tomó a su hija y se fue a vivir a la casa de la madre, bajo sus condiciones. Pagando por todos los servicios domésticos y por su alimentación para ella y su hijita.

Pasaron los meses... Conoció a un joven joyero que comenzó a cortejarla. De origen humilde, divorciado, con un hijo de su relación anterior y con trabajo estable, aunque cargaba con la fama de "muñequero" (así apodan los nicas a los hombres que "apalean" a sus mujeres). Terminó por aceptarlo y se casaron. Se mudaron a vivir a los Estados Unidos de América, dejando a su hija en Nicaragua, al cuidado de su madre.

La niña entonces quedó de cuatro añitos bajo el cuidado y tutela de su abuela (a la que la muchachita de cariño aprendió a llamar "mita"). Mensualmente, su madre mandaba el dinero que le solicitaban para su manutención. Como la situación era precaria (la década de los ochentas en Nicaragua), la famosa "mita", ocupaba parte de la mesada destinada a su nietecita, en los gastos en los que estaba incurriendo con su hijo Juan Jesús.

A la pobre niña no le daban dinero para que comprara algo en la escuela a la hora del recreo y tampoco le compraban algún antojo que tuviera fuera de la casa... Le compraban lo necesario y lo más barato. Su "mita" le decía: *"no vamos a estar gastando en chiverías. El dinero se debe de utilizar en cosas útiles. Además, tu mamá, nada más manda lo limitado, no para todos tus gastos y yo ando viendo cómo "estirar los billetes" a más no poder".*

Ni al parque la llevaban de paseo. Su única distracción era sacar a la acera a los perritos de su abuela para que hicieran sus necesidades. A la niña se le veía siempre triste y retraída. Casi no hablaba, ni se reía. Si la chiquita se reía, su abuela le preguntaba -en un tono cruel-: *"Y vos chavala ¿de qué te estás riendo?... Yo no veo motivo de risa aquí. ¡Vaya a seguir paseando a los perros!*

Los años fueron pasando. La niña ya era una adolescente con trece años cumplidos. Al desarrollar se enfermó y no la llevaron al doctor, le auto-recetaron "penicilina de 1500 miligramos" y Edgardo, el esposo de turno de su abuela (quien decían que inyectaba), le puso mal la inyección y se le inflamó la cadera. Se le formó una "bola dura".

Pasada una semana, la tuvieron que llevar al hospital, en donde la sajaron y "le drenaron la bola" que le había ocasionado el mal procedimiento al inyectarle, todo por el afán de Margarita María de ahorrar hasta el último centavo de dólar que su hija y madre de la joven mandaba para sus gastos.

La noticia corrió como pólvora y llegó a oídos del padre y su familia, quienes inmediatamente se dejaron ir al hospital para ver cuál era la situación de la muchacha.

Cuando su "mita" no estuvo presente, le confesó a su padre y a su otra abuela, cómo estaba siendo tratada en la casa de la "mita". Al final, ella misma decidió quedarse a vivir con el padre y su familia y no hubo manera de hacerla regresar a la casa de su abuela materna. Al fin se libró de la crueldad y el yugo que padeció en su poder desde que su madre emigrara.

Luisa Verónica, una vez que su situación legal se reguló en el país donde vive y tres años después de la hospitalización de su hija, regresó a Nicaragua a llevarse a la joven de dieciséis años. A su esposo "el joyero", le tuvo una niña y es abuela de dos niñas, hijas de su hija mayor (la del vago de clase media).

En este país se gana la vida como niñera y él desde luego trabaja para una joyería latina.

La joyería manda regularmente a su empleado a Nicaragua a entregar pedidos (más o menos cada dos meses). Esta regularidad, hizo que se involucrara con otra mujer. Comenzó a verle defectos a su esposa y hasta en ese momento se dio cuenta que estaba pasada de libras, etc., etc., etc.

Llegado el momento, las malas amistades que tenían en Nicaragua, se encargaron que Luisa Verónica se enterara de la infidelidad de su marido, situación que le bajó la autoestima a tal grado que intentó suicidarse en las "vías libres automovilísticas" de una de las ciudades del estado en que viven.

No se sabe por qué actuó con tal inmadurez, al extremo de desear suicidarse. Hace unos 15 años atrás, ella se iba a fugar a Italia con un hombre que había conocido en internet. El marido la "cachó infraganti" en el aeropuerto y ya en casa la "muñequeó" y ella lo llevó a corte e inició el divorcio por "violencia doméstica". Al final se reconciliaron, pero, como les cuento, el hombre sufrió lo inimaginable ante la traición de ella. Ahora bien, los papeles se invirtieron y le dio a beber de su propio chocolate jugándole chueco en Nicaragua y ella no lo perdona, más bien lo chantajea con la manutención de la hija de ambos, de doce años, a quien utiliza para mantenerlo a su lado. ¡Qué tristeza!

Al final de cuentas, siguen juntos por conveniencia. Mantienen las apariencias. Ella sabe que cuando viaja a Nicaragua, es para estar con su otra mujer allá, y que cuando regresa a Estados Unidos, viene de estar con su amante... En pocas palabras, las caricias, los besos y demás hacia ella, son prestados, por no decir FALSOS.

Todos se naturalizaron estadounidenses y van cuando pueden a pasar vacaciones a su país de origen con su secreto a voces ("vox populi" – dicen algunos).

CONCLUSIÓN

Proverbios capítulo 5, versículo 13: "No oí la voz de los que me instruían y a los que me enseñaban, no incliné mi oído".

COMENTARIO DE LA AUTORA: El personaje de este relato ha creado un tremendo complejo de inferioridad y es víctima de la culpa. Aunque trata de superarse, no logra sus objetivos. Su historia es un tornado de emociones encontradas, sin pies, ni cabeza.

Moraleja: *"Cuando los papeles se invierten en una relación, sabe a amargura solicitar perdón".* Hay que recordar que **cada quien es dueño de su propio miedo.**

CAPÍTULO VI

JUAN JESÚS AMADOR FERNÁNDEZ

El último hijo del matrimonio Amador Fernández, de un físico impresionante, es Juan Jesús Amador Fernández. Blanco, rubio, ojos azules y calvo como los Fernández pero con la cara de su padre. Cuando las historias de sus hermanos ya estaban concluidas, la de él estaba por comenzar.

Estudió en el Colegio Diocesano de Granada su primaria y su secundaria en la Escuela Padre Misieri. Logró bachillerarse, pero no quiso estudiar en la universidad.

Acostumbrado a vivir a costillas de lo que su madre pueda darle, ha tenido una vida muy monótona, cómoda y simple. Los nicaragüenses llaman a este tipo de individuos **"miembros de la UVA"**. (UVA significa: **"Unión de Vagos Asociados"**).

Actualmente es un hombre acomplejado, tartamudo, envidioso, "cuechero" (este término, los nicas lo utilizan a menudo para describir a aquellos a quienes les gustan los cuentos... El chisme), jactancioso y engreído... esto último, ni él mismo sabe por qué. Su entretenimiento es "pensar a quien hacerle la vida chiquita", como lo hace todo aquel que no aprovecha el tiempo en algo útil.

Su madre, cartomántica por casualidad y profesora de primaria titulada, le asignó la tarea de ser el recepcionista de los trabajos esotéricos de sus clientes, solamente para mantenerlo ocupado en algo.

Así se pasa la vida. Se casó con una muchacha que era "sirvienta" cuando él la conoció. Sin embargo, la doméstica, es ahora "Licenciada en Administración Turística y Hotelera" y cuenta con un excelente cargo gerencial en un prestigioso hotel de la ciudad. Y él, ¡se quedó atrás!, esperando a que su madre muera, porque le ha dicho que él y su hermana Luisa Verónica son sus herederos universales. ¡Qué esperanza! 41 años y nunca ha hecho nada productivo en la vida, más que vivir "cantando" como cigarra y holgazaneando a más no poder. ¡Quién pudiera vivir así siempre!

CONCLUSIÓN

Proverbios capítulo 6, versículos del 1 al 9: "Ve a la hormiga, oh perezoso, mira sus caminos y sé sabio; la cual no teniendo capitán, ni gobernador, ni señor, prepara en el verano su comida y recoge en el tiempo de la siega su mantenimiento. Perezoso: ¿hasta cuándo has de dormir? ¿cuándo te levantarás de tu sueño?

Moraleja: *No hay que mal acostumbrar a la gente, porque no lo valoran ni logran hacer nada por ellos mismos. Entonces ¿qué pueden esperar los demás?*

CAPÍTULO VII

HERNÁN AUGUSTO FERNÁNDEZ MARTÍNEZ

El tercer hijo del matrimonio de don Hernán Augusto y doña Emelina Estebana, estudió abogacía en la Facultad de la Universidad Nacional Autónoma de Nicaragua (UNAN) en Managua, pero no concluyó sus estudios por la bebida, la que se lo llevó a la tumba a temprana edad.

Su madre solía reclamarle a su esposo por haberle dado a "manosear dinero" tempranamente, pues don Hernán se lo proporcionaba porque no le gustaba que su hijo anduviera "botando baba por babosadas que siempre había tenido". Según Emelina Estebana fue el peor error que cometió su esposo, porque el joven Hernán Augusto, en vez de utilizar la plata en asuntos que valieran la pena, la usó, ¡claro que sí!, pero para enviciarse, porque cada vez que salía de la universidad, se iba con los amigos a "echarse unas cervecitas" en compañía de "damitas de la mala vida" para celebrar por las clases que tomaban de lunes a viernes y esto se hizo rutina diaria.

No concluyó sus estudios universitarios. En los caminos del vicio, terminó relacionándose con una mujer de origen humilde (Cristófora), con quien procreó 4 hijos: Diana, Augusto, Jazmín y Johana. A pesar de que doña Emelina era bien "fregada" con sus nueras, a Cristófora la aceptó y se puede decir que tenían una excelente relación; se saludaban con cariño y estaban en comunicación constante por el alcoholismo de "Hernán muchacho".

Hernán Augusto hijo, fue un hombre alto, delgado, calvo desde muy joven, moreno y elegante como su padre. Cuando llegaba tomado donde **doña Emelina Estebana**, ella lo regañaba diciéndole: *"¡Qué barbaridad! ¿Qué debe decir la gente cuando te ven en este estado tan deplorable? No quiero ni imaginarlo"* y él bastante mareado le respondía: *"A todos esos cabrones me los paso por las bolas y todavía me quedan frías"*. Esto era una jaqueca cotidiana para esta madre que vivió toda su vida sin dar tema de conversación a la gente para que hablaran mal de su familia, pues decía: **"Los trapos sucios se lavan en casa"**.

Fue un hombre inteligente pero el vicio lo dominó. Recuerdo que su madre vivía quejándose todo el tiempo de las cosas que hacía por conseguir dinero para un trago. Le vendió de uno en uno todos los libros de las diferentes enciclopedias que conformaban la gran biblioteca de la casa (cerca de 75 libros); un libro -catalogado por don Hernán Augusto padre-, como "Las joyas de Rubén Darío", en donde habían poemas del bardo de su puño y letra (un viejo amigo de farra de él, conocido como "el chivo", dijo que lo vendió en diez córdobas al dueño de la Farmacia El Socorro); los "long play" de colección -que casi nadie tenía- se desaparecieron uno a uno y ya no se diga que una vez se quedó dormido con un cigarro encendido en su cuarto (en la casa de sus padres, cada hijo tuvo su propia "recámara") y de repente agarró fuego el colchón y por poco se incendia la casa, lo que ocasionó que su padre lo corriera en contra de la voluntad de su madre.

Amén de todo eso, cuando acabó con todo lo "vendible", iba a la casa de su hermana Margarita María –en su ausencia- y hasta la "Sagrada Biblia" se llevó en el saco.

Un día de tantos, le llegaron a avisar a su mamá, que a su hijo Hernán Augusto lo habían recogido muy mal en una de las calles de la ciudad y que tuvieron que internarlo en el Hospital Manolo Morales de Managua con "cirrosis"... Que estaba en cuidados intensivos.

De nada servía tratar de verlo en el hospital porque no permiten la entrada a la unidad de cuidados intensivos; por lo que se obtenía información únicamente por teléfono.

El día marcado llegó. Sonó el teléfono y su madre lo contestó ansiosa. Le dieron la noticia y, a pesar de que era una mujer muy fuerte, se le humedecieron los ojos... -Sin sacar lágrima-, dijo: *"Se fue en su ley, por no hacer caso".*

En ese momento, no había nadie que les apoyara para hacer los trámites del traslado y demás. El único que se podría mover en Managua, era Raúl Cáceres, el ex-esposo de su hija menor, Candelaria Estefanía, quien a pesar de que ya estaba divorciado de ella, se encargó de todos los trámites para sacar a "Hernán muchacho" de la morgue del hospital y llevarlo dentro de una caja a la casa de sus ex-suegros.

Con este gesto, doña Emelina Estebana disculpó a Raúl cualquier mal comportamiento que hubiese tenido en el pasado hacia su hija Candelaria Estefanía.

Ella siempre estuvo agradecida, ya que cuando recordaba la tragedia de su hijo decía: *"Si no hubiera sido por Raúl Cáceres, no sé qué hubiera pasado".*

Enterraron a Hernán Augusto hijo, una tarde de Abril de no recuerdo con exactitud de qué año, pero está entre 1983-1984.

De sus hijos se puede mencionar que todos ellos crecieron en el negocio que su madre tenía en el mercado. Un tramo de ropa. Ella era comerciante y viajaba a Costa Rica y a la zona del Canal de Panamá a comprar mercadería.

Todos sus hijos están acostumbrados a trabajar "negociando" ropa y otros enseres en un tramo que rentan en el mercado municipal de la ciudad.

Hace unos 20 años, la hija mayor de esta unión, Diana de Lourdes, se sacó la lotería y construyó su propia casa para ella y su familia, dentro de la casa propiedad de su madre en la "loma del mico", en la calle "Cuiscoma".

Su hermano Hernán Augusto "el pichón Fernández", estudió ingeniería química y trabaja para un supermercado de la ciudad.

Su otra hermana Jazmín Guadalupe, se mudó a vivir a Costa Rica y allá hizo su familia. Se dedica a negociar también.

Johana Emelina la menor se dedicaba a lo mismo. Lo único es que vino con su familia desde Costa Rica a pasar navidad y año nuevo para diciembre del 2012, pero lo que encontró fue la muerte. Su sobrino, hijo de su hermana Diana de Lourdes iba manejando (no se sabe si ebrio, si llevaba puesto el cinturón de seguridad o no) y se fueron en un "guindo". Todo el mundo se salvó. La única que pereció fue Johana.

CONCLUSIÓN

Proverbios capítulo 20: "El vino es escarnecedor, la sidra alborotadora y cualquiera que por ellos yerra no es sabio".

Proverbios capítulo 23, versículos del 31 al 33: "No mires al vino cuando rojee, cuando resplandece su color en la copa. Se entra suavemente, más al fin como serpiente morderá y como áspid dará dolor. Tus ojos mirarán cosas extrañas y tu corazón hablará perversidades".

COMENTARIO DE LA AUTORA: ¡Qué pesar da! Cualquier ser humano que se sumerge en los vicios, en cualquier adicción, es digno de lástima y debemos ayudarle. No hay que buscar salidas que nos lleven a caer a la profundidad del pozo de la angustia y la ignominia porque allí no hay manos que puedan auxiliarte ni tablas de salvación de las que asistirte... lo único que te valdrá es tu "fuerza de voluntad"; no permitas que se te escape de las manos. Quiérete a ti mismo y en vez de tocar fondo, haz las que hizo el burro que cayó al pozo sin agua... comenzaron a echarle tierra por el brocal porque ya había perdido la esperanza de salvarlo y el animal no se afligió... comenzó a palear con sus patas traseras la tierra que le arrojaban y de esa manera subió poco a poco hasta alcanzar la superficie saliendo victorioso por el respiradero del pozo.

CAPÍTULO VIII

EFESIO CRISTÓBAL FERNÁNDEZ MARTÍNEZ

El penúltimo hijo de don Hernán Augusto Fernández Fernández y Emelina Estebana Martínez Suazo (q.e.p.d.), estudio contabilidad pública y privada en la Escuela Nacional de Comercio de Granada. Se graduó de contador.

No se envició con nada y le gustó trabajar siempre. Al igual que su hermano Hernán Augusto, se enamoró de una mujer de origen humilde (Soraya), con quien procreó 4 hijos: Haydée Candelaria, Emelina Estebana, Efesio Cristóforo y Augustín Alberto.

El delito de ella es ser de origen "100 % campesino" (en término del vulgo, a los campesinos en Nicaragua les llaman despectivamente "indios"), los campesinos, además, son gente de piel bien quemadita, pómulos salientes, pestañas lisas (cortas o largas, chuzas o lisas y encaminadas hacia abajo como escobilla... **nunca** crespas) algo bajos o chaparros, con "corneturas" en las piernas, de extremidades superiores más largas que las inferiores y el deje al hablar de la gente del campo, rasgos que no ocultan su ascendencia.

Soraya era una "india pasable" aunque su suegra decía: *"Jodido... no se pierde el indio. Esta mujer parece que con las nalgas va a besar el piso."* Andaba por las calles de la ciudad con un canasto en la cabeza vendiendo a gritos "pinol y pinolillo" (productos de maíz pulverizados, usados en la elaboración de refrescos).

El día que se conoció con Efesio Cristóbal, fue porque la que iba a ser su suegra, le había encargado y pagado por adelantado cinco libras de pinolillo y ese día había quedado de pasar dejándoselas.

Imagínense que Efesio Cristóbal era "el niño Dios de su madre" y para ella, verlo unido a una mujer humilde como Soraya, de diferente clase social, y como se dice en buen nica, "de refresco", ya tenía en su haber dos hijas de otra relación, fue un caos total... era *"como haberle dado con el chuzo eléctrico a un toro en la barrera"*.

Efesio Cristóbal, a pesar de su baja estatura, era un hombre guapísimamente hermoso; blanco, no muy calvo, rubio (se le veía en las pestañas, los bellos de sus brazos, y en sus cejas), ojos celestes bien claros -como un cielo despejado de nubes en la mañanita-. De carácter fuerte. Cuando se enojaba, era muy "malcriado".

A pesar de que sabía que su madre no podía ver a su mujer "ni pintada en una tusa", se aparecía de vez en cuando a visitarla. Se pasaba la tarde con ella poniéndose al día en un "intercambio de comunicación constante"... Así le llamaban ellos –jocosamente- a lo que comúnmente conocemos como "chismorreo".

En un momento dado, Efesio perdió su empleo. Su mujer, una persona acostumbrada a trabajar en lo que fuera para obtener dinero honrado, siguió vendiendo "pinol y pinolillo" de sol a sombra y –además- se fue a la oficina de la Lotería Nacional a pedir trabajo de "vendedora de billetes" y en esto último involucró a su esposo, a quien se le veía voceando junto a ella, por las calles de Granada: "¡Lotería! ¡Lotería! ¡Lotería!"... Situación de la que se avergonzaba su madre, ya que ella no pudo concebir nunca el hecho de que su hijo, "contador público autorizado" hubiera terminado como un "don nadie sin educación".

Sin embargo, para él fue el mejor de los descubrimientos. Les quedaban sustanciosas ganancias como vendedores de lotería, además que cuando les tocó vender "el gordo" (la suerte llegó de esta manera en cuatro ocasiones), el ganador les daba una buena propina en agradecimiento. No sólo eso, se sacaron la lotería dos veces y con esa ganancia, la invirtieron en una "cuartería" (8 cuartos de madera, zinc, suelo, letrina y baño de pila) que rentaban individualmente y construyeron su propia casa al final del Reparto San Alejandro en Granada (conocido como el barrio de "la Amaliota").

Con la ganancia de la renta de la "cuartería", construyeron una casa en San José, Costa Rica y entablaron un negocio de venta de "ropa usada". Era mejor negociar y vender lotería en las calles que estar sujeto a un salario miserable como un pobre contador.

De los cuatro hijos de la unión de Efesio Cristóbal y Soraya, no se sabe nada, solamente generalidades, como que viven viajando de Nicaragua a Costa Rica.

Allá los varones trabajan en albañilería y carpintería. Las mujeres, Emelina fue policía y siguió estudiando en esa institución hasta lograr un rango de confianza.

Haydée se graduó de ingeniero agrónomo y se casó con un hombre con la misma profesión. Sin embargo, como no consiguieron trabajo en su carrera ni en ninguna otra ocupación, decidieron mudarse a Costa Rica y trabajar allá de lo que fuera.

Efesio Cristóbal se sometió a múltiples operaciones para corregirle las cataratas. Las intervenciones las subsidiaba su hermana Candelaria Estefanía. En un último examen, los médicos descubrieron una enfermedad degenerativa en sus córneas, lo que sumado a lo anterior lo dejó ciego a los 47 años. Además, padecía de diabetes y presión alta. Murió el diez de enero del 2012 en San José, Costa Rica de un infarto, exactamente tres días después de su cumpleaños y a los tres meses y tres días de la partida de su madre. La familia piensa que su mamá se lo llevó para que no siguiera padeciendo.

CONCLUSIÓN

Proverbios capítulo 17: "Mejor es un bocado seco y en paz que casa de contiendas llena de provisiones".

COMENTARIO DE LA AUTORA: Es verdad. Todos deseamos lo mejor para nuestros hijos, pero ellos son libres de escoger con quién compartirán su vida, ya que hemos sido dotados de "libre albedrío" y **"nadie escarmienta en cabeza ajena".**

Moraleja: No tratemos con desdén y desprecio a las parejas de nuestros hijos, porque se nos alejarán definitiva e indefinidamente. Hay que permitirles el derecho a equivocarse, a que enmienden sus errores y que aprendan de sus culpas, solamente así nos ganaremos su confianza y su respeto.

CAPÍTULO IX

CANDELARIA ESTEFANÍA FERNÁNDEZ MARTÍNEZ

Al "rescoldo" del matrimonio Fernández Martínez, no le gusta su primer nombre. Estudió primaria en la Escuela de doña "Ángela Padilla" (la directora de la misma, era reconocida por ser estricta y exigente). Se bachilleró en el Colegio Francés de Nuestra Señora de Guadalupe en Granada.

Se casó "civil y por la iglesia" a los diecinueve años de edad con Raúl Cáceres Ubau y de esa unión nacieron Anastasia Catalina y Suiza Lorena Cáceres Fernández. Ellos, por incompatibilidad de caracteres y otros conflictos inusuales aunque cotidianos, se divorciaron cuando su hija mayor iba a cumplir los quince años.

Como comenté anteriormente, a doña Emelina Estebana no le parecía "nadie" para sus hijos. Era muy selectiva, pero tuvo que conformarse con las elecciones que al final de cuentas hicieron.

La niñez de Candelaria Estefanía y sus hermanos tuvo muchas restricciones "educacionales". Las mujeres, no podían ir solas a ninguna parte, porque siempre les colgaban un acompañante (lo que se conoce como "chaperón"). Eran de ese tipo de familias muy "tradicionalistas" y "narices respingadas" por su posición en la sociedad "granadina", una de las más aburguesadas del país. Además don Hernán Augusto y su familia, se codeaban con la crema y nata de la élite gobernante del General Anastasio Somoza Debayle.

Esto hizo de ella una "rebelde sin causa". El medio y las circunstancias se encargaron de "reacomodarle el carácter", de tal manera que, en su casa era una persona completamente diferente a como se comportaba cuando se encontraba sola en la calle o con sus amigas (haciendo que la joven cayera en un tipo de "bipolaridad" por contingencia).

Cabe mencionar que sus padres estaban conscientes que algo no estaba funcionando bien con las emociones de su hija y no le buscaron ayuda profesional para colaborar en controlar su nerviosismo, si no que dejaron pasar a más su sintomatología.

Cuando la situación se les salió de las manos, no vieron otra alternativa que "casarla", encontrando asidero y "endosándole" el problema al prometido, quien inocentemente cargó con sus conflictos internos y de personalidad; una situación caótica por mas, que se vio reflejada conforme iban pasando los años de convivencia en pareja... Él trataba que ella actuara como alguien consciente de sus actos, pero no fue así, cayendo en el descontrol la mayor parte del tiempo; situación que transformó el amor que él le tenía en un sentimiento compasivo y lastimero.

De adolescente, le encantaba correr, andar en bicicleta, bailar; todo lo contrario de lo que su madre estipulaba en casa: orden y aseo; cocinar, zurcir, coser, leer, estudiar, en fin –todas esas cosas que a esa edad suenan aburridoras-, pero que tenía que cumplir "sí" o "sí".

Así fue transcurriendo el tiempo. Los problemas para sus padres no se hicieron esperar. Debido a su constante indisciplina, su madre era llamada cada vez y cuando a reunirse con las autoridades de los centros de educación donde la joven Candelaria Estefanía estudiaba. Se había convertido en una niña "hiperactiva" y con problemas serios de personalidad.

Fue pasando el tiempo, y aparecieron en escena varios pretendientes, en cuentas un tal "Pancho Hermoso", solamente sé el apodo, nunca dijeron el nombre del hombre, pero no le parecía a su madre porque era mujeriego (tenía novias por todo Granada) y además bebía mucho.

Como siempre –vuelvo y repito-, su madre era la encargada de despachar a quien creía inconveniente para cualquiera de sus princesas. Hasta que de repente apareció en el escenario el joven Raúl Cáceres Ubau, a quien aceptaron como su novio oficial.

Pasado algún tiempo de noviazgo, llegaron rumores a la casa de la suegra de Cáceres de que el "susodicho" tenía otra novia a la que visitaba paralelo a su novia oficial... su nombre: Noria, quien era vecina de la familia de Cáceres y muy amiga de sus hermanas. Además, las madres de ambos, eran amigas inseparables y la joven Noria ya era una muchacha que trabajaba en su propio salón de belleza y era de la misma clase social que su enamorado.

Un fin de semana que Raúl llegó a "hacer la visita a su novia Candelaria Estefanía", dicen que la futura suegra lo sentó en el banquillo de los acusados y lo puso a escoger: *"O se quedaba aquí o se iba para allá"* y así fue como se comprometieron y al año de noviazgo se casaron, porque a los padres de su novia no le gustaban los noviazgos "eternos". Aunque para ellos y a pesar de que el joven era ya un profesional, por su estrato social, no lo veían con buenos ojos.

En febrero de este año, Candelaria Estefanía cumplió 67 años. Se le puede describir como una mujer muy bonita, se podría decir a simple vista que, físicamente hablando **"es la *carta de presentación* de don Hernán Augusto y doña Emelina Estebana"** (hay quienes erradamente se refieren a la "postal de la familia", pero no hay que equivocarse... porque postales hay para toda ocasión).

Ella es morenita bien clara, de buena estatura, facciones muy finas, cabello negro, tremendo cuerpo (tenía todo: cara y curvas bien delineadas), delgada y con cierto aire de elegancia también. Lo único es que hasta hoy, su carácter es muy difícil de comprender y sobre llevar. Ahora, por sus años, está algo pasadita de peso, pero no ha perdido su estilo. Como decía su padre: *"La clase nace no se hace"* o *"La gente de medio pelo, se conoce a la legua"*.

Hablando de sus cualidades, tiene un corazón tan grande como el océano y fácil de derretir como mantequilla al fuego. Si ve que alguien necesita algo que ella tiene, se desprende y lo regala y no se acuerda que lo hizo. Es una mujer que ayuda a otros desinteresadamente y eso seguramente ha contribuido a que Dios tenga los ojos de su misericordia sobre ella, pues nunca le falta nada (materialmente hablando) y tampoco salud. El Señor le ha sabido recompensar toda su buena voluntad hacia el prójimo y hacia los suyos.

Volviendo a su relación de pareja y a pesar de que Raúl era de origen humilde, Candelaria Estefanía se estaba casando con un profesional, con un egresado y titulado de la Escuela de Agricultura y Ganadería. A la fecha, sus hijas Anastasia Catalina y Suiza Lorena, se enorgullecen al decir que su papá ha sido un hombre extremadamente inteligente, un profesional como pocos y muy trabajador.

Por lo tanto, doña Emelina Estebana estaba consciente, que por lo menos de hambre su hija no se moriría; aunque él no le pudiera proporcionar los lujos a los que ellos la tenían acostumbrada (siempre anduvo "alhajada"; tenía juegos completos de ropa que concordaban con sus zapatos y carteras y en las diferentes fiestas a las que era invitada, nunca "repitió" un traje).

Raúl quiso en un momento dado que ella siguiera estudiando, pero le dijo que no. Prefería quedarse en la casa con sus hijas, pero, vuelvo y repito, ella ha sido una mujer muy inquieta, inconforme, nerviosa, tres calificativos emocionales que le han impedido hasta el día de hoy, desarrollarse como una persona anímicamente estable en la extensión de la palabra.

Un ejemplo de estas situaciones incontrolables eran sus gastos compulsivos y excesivos, sin necesidad alguna porque el esposo la "mantuvo estable" a ella y a sus hijas -en la medida de sus posibilidades- durante todo el tiempo que estuvieron juntos, o sea la ridícula suma de 16 años.

El yerno preferido de doña Emelina Estebana fue el esposo de su hija mayor, Margarita María; al marido de "la cumiche", lo toleraba pero no le tuvo la devoción que le tenía a don Pancracio Amador Suárez, cuyas cualidades ante sus ojos eran incalculables (quizás porque sabían cómo manipularlo con facilidad). Los hijos de ese matrimonio siempre permanecieron tiempo completo al cuido de ella, al contrario de los hijos de los Cáceres Fernández, que llegaban regularmente. Claro que conforme fueron creciendo, se acercaron más y hasta hubo temporadas en que vivieron por estadías prolongadas con ellos.

En el caso particular de Candelaria Estefanía y su hija mayor Anastasia Catalina, no son compatibles. La mujer es de la línea de su abuela Emelina y ahí viene el choque. Ella dice blanco y su hija dice que es negro, y aunque sabe que es negro y que su hija tiene la razón, le contradice diciendo "es blanco".

Su hija mayor trata de tolerarla, respetarla y porque no decirlo... muy posiblemente amarla. Como es muy notoria su diferencia de caracteres, en la medida de lo posible, para no faltarle el respeto, prefiere poner distancia... O sea que los amores pasan a ser de lejos.

Sin embargo, Anastasia ya de adulta, ha concluido que su madre no tiene la culpa de ser como es, todos los factores que han rodeado su vida influyeron para hacer de ella una persona inestable.

Todo lo contrario sucede entre Candelaria Estefanía y su hija menor Suiza Lorena, pues han pasado por situaciones similares en la vida. Parece que ahí radica su compatibilidad.

Desesperada porque Raúl se fue a vivir a la capital, se mudó a vivir a la casa de Magdalena, una enfermera, que trabajaba en un centro espiritista en Granada, dejando a sus hijas solas en la casa que su aun esposo rentaba para ellas.

Se mantiene distanciada de las muchachas porque "ama su libertad". Dice que nació para vivir como le dé la gana y no para ser fiscalizada. No le gusta estar unida a nadie, no nació para atender a hombre alguno... Una vez dijo: *"Con Raúl, quedé curada"*.

Nos trasladamos al seno del problema de su relación de pareja. La familia de Raúl siempre aplaudió sus infidelidades como una gran hazaña. Le aprobaron sus relaciones extramaritales como si fuera la situación más normal. Candelaria Estefanía terminó descubriendo todo por cuenta propia y sin querer.

Se dio cuenta que tenía una mujer en los pueblos blancos debido a la empleada doméstica de su cuñada Jessuina, quien le comentó: *"A usted sus cuñadas le están viendo la cara de tonta. Su marido tiene una mujer que la sacó prácticamente del convento en el que era novicia en San José, Costa Rica; la conoció en su viaje de regreso a Nicaragua, cuando venía de asistir a las honras fúnebres de la hermana de su madre; se llama Susana, le tiene en este momento una niña de dos años que se parece con su hija mayor y viene en camino otro. Doña Jessuina, doña Yelba, todas ellas saben y mi patrona y su marido son los padrinos de la niña y parece que van a ser padrinos de los que vengan -por lo que he oído-".*

Anastasia Catalina recuerda todo esto, como si lo estuviese escuchando hoy día. Sin embargo, su madre, por consejos de su abuela Emelina Estebana, no dijo nada. Se dedicó a investigar más por cuenta propia y a convencerse con sus ojos de la información que la "sirvienta" de su cuñada le había proporcionado. Y confirmó todo. Con el pasar del tiempo, fueron concibiendo más hijos, llegando a un total de tres mujeres y dos varones.

En ese mismo tiempo, una secretaria vecina de los Cáceres Fernández que trabajaba en el mismo lugar que Raúl y a quien él le daba "raid" diario, le contó a Candelaria Estefanía, cuando él estaba sacando el auto del garaje: *"El ingeniero tiene una relación con una de las secretarias de la oficina desde hace dos años... es un secreto a voces en los pasillos del banco. Se llama Dinorah parece que está embarazada. Solamente te pido que no me metas en problemas".* Esa misma persona, le fue informando del nacimiento de sus otros dos hijos en Managua... un niño y una niña.

O sea, tenía tres hogares diferentes, como si fuese el "amo y señor de un harem". Cuando ella comenzó a reclamar por su mal genio y su ausencia, solamente generaba más de lo mismo: pleitos, golpes y gritos a toda hora. *Raúl se había transformado en un hombre demasiado violento. Esta violencia, fue* ocasionada –sin dudas- por el estrés que su situación sentimental le causaba debido a la mentira tormentosa en la que había convertido su vida y afectado su bolsillo.

Después de todo lo anterior y a escondidas de su madre, Anastasia Catalina se atrevió a preguntarle a su padre sobre la niña de dos años en los pueblos y lo chantajeó diciéndole que si no la llevaba a conocer a su media hermana lo acusaba con su madre y terminó llevándola con la condición de que guardaría el secreto.

Así sucesivamente fue frecuentando en su compañía la casa de ellos en los pueblos. En esas visitas siempre se encontraba con sus tías Jessuina y su familia completa; Yelba con sus hijos en una algarabía total, pues eran casi todos los fines de semana. Susana, siempre los esperaba con un tremendo banquete y los atendía a todos "a cuerpo de rey". En varias ocasiones –de por mas engorrosas-, Raúl confundió el nombre de Susana con el de Dinorah, haciendo la visita como una novela amarillista de puntos suspensivos, pues los presentes solamente observaban y luego hacían picadillo de la situación.

La historia se tornó diferente cuando Anastasia Catalina, conoció a sus otros hermanos (los de capital) aún más pequeños. Diferente porque la madre de estos muchachos es otro tipo de persona, por decirlo en buen cristiano "de clases sociales completamente diferentes; algo así como el sol y la luna o el día y la noche"; muy inteligente y como diría doña Emelina Estebana: "se nota que es de otra clase, de otro tipo". De carácter fuerte, a veces odioso por su forma franca de decir las cosas, pero vaya, diferente en la extensión de la palabra.

Imagínense ustedes la situación de la muchacha guardando estos secretos a su padre. Situación de por más incómoda para una niña que entraba apenas a la adolescencia. Aprendió de sus tías a mantener todo bajo control sin perjudicarse y con el cuidado de no hablar más de la cuenta... en pocas palabras, supo manejar con destreza absoluta cada situación por el bien de todos – como ellas le decían-.

Al final, todo terminó descubriéndose y por lo tanto, ella fue la que salió más premiada, pues fue tildada de "alcahueta y falsa", calificativos duros de asimilar a la edad de una adolescente.

La hija mayor de los Cáceres Fernández, fue la que se tragó la parte más dura de la relación de sus padres (lo que la obligó a madurar rápidamente); aún tiene presentes las escenas violentas entre ellos... la niña se refugiaba en las esquinas o en algún rincón y observaba temblorosa todos estos episodios tristes.

En su adolescencia, la joven pensaba: *"Todos los hombres han de ser iguales"* y frente al espejo se repetía: *"A mí ningún 'bayunco' me va a poner un dedo encima y si lo hace con seguridad lo 'enveneno' para que no goce de su hazaña".* Hay tantos episodios aun en su mente... Recuerda como su padre hacía siempre un problema, hallando defectos en su madre de la nada... siempre "un pelo en la sopa", para hacerse el enojado e irse de casa, desaparecerse todo el fin de semana, sin saber su paradero, porque sin duda, ha de haber tenido planes con alguna de sus otras dos familias.

Siempre que el esposo golpeaba a Candelaria Estefanía, corría a refugiarse con las niñas en la casa de sus padres, donde le daban asilo por temporadas de hasta cuatro meses. Tiempo durante el cual –contaba doña Emelina Estebana, Raúl llamaba por teléfono, mandaba recados, en fin, hacía de todo para reconquistar a su esposa y recuperar a su familia. Terminaba convenciéndola y volvían de nuevo a la relación enferma que habían construido, sin tomar en cuenta el daño psicológico que estaban haciendo a sus hijas con su conducta.

A Candelaria Estefanía ya se le había vuelto una rutina estar en estas idas y venidas cada vez que su esposo la maltrataba, convirtiéndose en lo que los nicas llaman "una motetera", pues la falta de cultura reinante en la mayor parte de los países latinoamericanos hace que se piense arcaicamente, en pocas palabras, es como si las mujeres aun vivieran en el siglo XIV... **"El matrimonio es para siempre y hay que obedecer al esposo, porque para eso nacimos aunque nos maten a golpes".** ¿Qué les parece?

Recuerda Anastasia que ella tendría unos 5 años y que vivían todos juntos en una casa cerca del cuartel de bomberos de la ciudad, a la que llamaban "la casa de las culebras", porque se veían paseando por la sala y en cualquier lugar de ésta "culebras coral" las más veces.

La joven pareja vivió siempre con la familia de Raúl: su abuelo, su madre, sus hermanas, los maridos de éstas (obviando aquello de que **"el casado casa quiere"**), amén de las visitas inesperadas de su hermano de Masaya q.e.p.d., quien era muy dado a la bebida.

En fin, con tanta gente, no tenían privacidad. Todo el mundo tomaba partido en las decisiones que incumbían única y exclusivamente a los miembros de la relación.

Esta convivencia con la familia de él, quienes nunca la quisieron, sumado a todos los comentarios mal intencionados y negativos con que llenaban la cabeza de Raúl, hicieron que la violencia doméstica comenzara a florecer aceleradamente entre ellos.

Lo peor del asunto fue que las hermanas se casaron y en vez de buscar donde vivir con sus maridos, decidieron –por cuestión de economía- seguir viviendo en la misma casa, todos juntos, como siempre y como si realmente desearan involucrar a "la gran familia" a la esposa de su hermano.

Al contrario, todo fue de mal en peor, pues ahora hasta los maridos de las susodichas, tomaron partido manoseando la relación de la pareja. Los pleitos y las agresiones se daban más que todo por sus intrigas y chismes, además del poco carácter, la debilidad y el desamor que toda esta situación negativa había creado ya en su esposo.

Sus parientes políticos nunca la llamaron por su nombre, solamente por los apodos con que la bautizaron: **"La loca", "la vaga"**. El mote de loca se lo aplicaron dizque porque hace siglo y medio, en la familia de don Hernán Augusto hubo una tía de él que perdió la razón por haber sido dejada plantada en la iglesia cuando iba a casarse. Es la fecha y aun se refieren a ella con ese "apodo". Además de otros epítetos y sobre nombres desagradables. Estas señoras creen que **"ellas son un nicho de virtudes: centradas y perfectas sin rabo que les pisen"**.

Decían que era una mujer "muy lujosa" para su hijo y hermano –respectivamente-. Esa idea se la metieron de día y de noche, hasta que él se la creyó, siendo otro motivo más para seguir haciéndole la vida imposible a su esposa. Como dicen: **"Tanto llega el cántaro al río que termina rompiéndose"**.

Cuando nuevamente llegaba a oídos de doña Emelina Estebana y don Hernán Augusto la situación infernal de su hija menor, se entristecían... Únicamente le aconsejaban: *"Deberías de dejar a ese hombre. No te quiere. El hombre que ama a su mujer, la respeta y la estima. Vos estás enferma, tratando de salvar una situación viciada por la envidia que te tienen todos tus parientes políticos y no llores porque el día menos pensado, "te van a sacar muerta de allí y todo el mundo bien gracias". Acaso es eso lo que querés... pensá en tus hijas".*

Además –concluía-, *"todas esas cabronas deberían de darle gracias a Dios que la joya de su hermano escogió una mujer como vos; porque todo pueden decir, inclusive que sos loca, pero es mejor que seas loca de la cabeza de arriba que loca de la cabeza de abajo, porque otra en tu lugar ya le hubiera puesto los cuernos desde hace ratito".*

(Toda esta situación –como dije al inicio y sin desear culpar a alguien- ellos hubieran podido evitarla, no permitiendo a su hija casarse con nadie hasta haberle controlado su situación emocional con ayuda profesional, pero no lo hicieron aun contando con todos los recursos).

Una vez Anastasia Catalina, escuchó al esposo de su tía Jessuina decir a su padre: *"Hombre Cáceres, esa mujer que tenés es vaga y loca, deberías de enderezarla con una buena "verguiada"* (este es el término vulgar que utiliza el nicaragüense para el verbo "golpear")", y efectivamente, ese mismo día cumplió la orden de su cuñado.

La niña de escasos 8 años, le hizo el comentario a su abuela Emelina y ésta indignada con el relato de su nieta, abordó a su hija menor diciéndole: *"Vos querés que tus hijas tomen ese patrón de mala conducta y crezcan pensando que deben de aguantarle a un hombre este tipo de malos tratos... Pero todas esas mujeres* (refiriéndose a las hermanas de Raúl) *la van a pagar muy caro, solamente hay que sentarse y esperar... dice el Señor: "La justicia es mía"...".* Esas eran las palabras de aliento con las que como madre ante el sufrimiento de su hija solía darse. En efecto, sus palabras fueron proféticas. A cada una **"le llegó su medio vuelto"**.

Para que se den una idea de los comentarios que hacían, les voy a dar unos cuantos ejemplos acaecidos durante su matrimonio, así como algunas de las maldades con las que se ensañaron con sus sobrinas:

Jessuina (dueña de una sala de belleza) vivía diciéndole a su sobrinita Anastasia Catalina, en ese tiempo con 5 años de edad: *"Pobrecita la niña, si su madre no la quiere, porque es una loca de m...y porque se parece a nosotros".* Eso es envenenarle el alma a un inocente y deja mucho que desear en la conducta de un adulto. Eso es ser "malo" y no tiene perdón.

Fueron calumnias tras calumnias en contra de sus sobrinas, hijas de su hermano más querido. Irónico ¿no?

La tía Jessuina, es la madrina de los cinco hijos de la relación extra-marital de su hermano Raulito, con la señora de los pueblos blancos; por su propia boca y con toda la mala intención que le caracteriza, Anastasia y Suiza se dieron cuenta de que su padre le había propuesto matrimonio a esta señora pero que ella lo había rechazado. La relación de ella con Susana siempre fue muy cercana.

Además de eso, mientras la recibía en su casa, también aceptaba a Dinorah la señora que tenía en la capital; hubo un día que las dos se encontraron en la casa de ella y ahí **"se le armó la de Troya"**, pues ambas se dieron cuenta de que las **"había estado guatuseando"**.

Yelba (profesora), fue un poco más ecuánime. Se reservaba el derecho de admisión. Aunque hubo momentos que se ensañó "calumniando" a su cuñada, pues en su oportunidad le dijo a su sobrina Suiza Lorena, que *"ella había visto a su madre besándose con otra mujer en la acera de la casa que habitaba"*.

Las hermanas mayores por parte de madre de Raúl, Nora y María vivían aparte con sus esposos y su participación en este asunto es prácticamente nula y nunca se supo de algún comentario alevoso o mal intencionado de su parte sobre la relación de su hermano con su esposa. Al contrario, le aconsejaban: *"Hombre Raulito, si no la querés déjala, pero no la maltratés".*

Pero, decía doña Emelina Estebana... *"Todo lo que sube baja y quien la hace aquí, no se va debiéndola, pues aquí mismo la paga ya que atrás viene el que arrea"*... y así fue:

Jessuina, ha sufrido la pérdida de dos de sus seres más queridos en circunstancias inimaginables y que sería morboso mencionar.

Yelba, sufrió horrores con el desbarajuste de su matrimonio y con dos de sus hijos extraviados en los fulgores del apasionamiento tan criticado – aunque arcaicamente- en la sociedad nicaragüense.

Raúl cometió el peor de los errores: *"Escuchar y comerse los cuentos y los comentarios malintencionados que "su gente" le hacía acerca de su esposa".* Se ensañaron con ella y él no le daba el beneficio de la duda. En los últimos días de su relación, todo lo que ella dijera, lo usaba en su contra.

Aun con todo su descontrol emocional, Candelaria Estefanía, siempre ha tenido un gran corazón... cuidó esmeradamente al abuelo de su esposo, (durante 9 años aproximadamente), sin ser su obligación y nunca se quejó, lo hizo gustosamente, a la fecha no se sabe si fue por amor o por quedar bien con su marido para recibir un mejor trato. En ese tiempo, ninguna de sus cuñadas se apareció a decirle... "¿Te puedo ayudar en algo con mi abuelo?"... para nada ni se acordaban del viejito. Tan es así, que murió en poder de ella. Hasta ahí llegó su nobleza a pesar de todo. Inofensivamente pagó mal con bien.

Bueno, al fin Candelaria y Raúl decidieron acabar de una vez y legalmente con el suplicio de estar juntos y se divorciaron en 1982. Ella, recuperó de nuevo su libertad y su espíritu de niña incontrolable e indómita. Se comportó de lo más cordial y socialmente posible. Dinorah, hasta hoy día y aun no se sabe por qué, le ayudó con sus influencias a conseguir una visa múltiple para poder entrar a los Estados Unidos de América.

Cuando Candelaria se divorció de Raúl, dio rienda suelta a sus "dones de médium" –con los que nació, según su padre- y se convirtió en espiritista declarada. Según don Hernán Augusto, heredó lo que sabe de un medio hermano de él, quien dominaba a la víbora más venenosa con la mirada, viéndosele por la ciudad caminando con las culebras enrolladas en el cuello... la mirada de su medio tío era tan fuerte que las hipnotizaba.

Domina desde muy joven las técnicas del espiritismo, el esoterismo y el mediumnismo. Se perfeccionó en el centro espiritista de una tal "doña Chonita" de Masaya. Fue asistente de esta mujer y luego se "tiró" a hacerlo por su cuenta, lo que le dejó excelentes ganancias, fama, prestigio, reputación y satisfacción.

Al parecer y como lo cuenta la gente tiene el don de curación en las manos. Personas humildes de todas partes del país, llegaban y dormían apostados a la pared de la casa de sus padres, para ser los primeros en la fila al momento de que abrieran y comenzaran a dar los números para las consultas, las que arrancaban a las 5 de la mañana y terminaban a las 11 de la noche todos los días. En ese preciso momento fue cuando la prosperidad comenzó a tocar sus puertas. Se dio sus cuatro gustos. Compró su casa y un auto.

Se veían llegar entrada la noche campesinos con sus bueyes, carretas y candiles a *"hacer posta"* para tomar uno de los primeros lugares al día siguiente para pasar consulta. Así mismo, desfilaban "encopetados personajes de la sociedad y la política" de entonces, quienes pagaban en moneda extranjera y con sumas altas su *"consulta confidencial con los espíritus"*. Entre los espíritus más solicitados por los clientes, están: *"El indio Guaica"* de Venezuela; *"El Dr. Ricardo Moreno Cañas"* de Costa Rica; y *"Sor Elisa"* de la India. Lo que la convirtió en todo un personaje en Granada y sus alrededores, extendiéndose su buen prestigio como médium por otros departamentos de Nicaragua.

Dotada de gran astucia e inteligencia, se hizo de una excelente y selecta clientela. Sus consultantes dicen que *"es exacta en sus predicciones"*. Aunque llegará el momento -como ella misma cuenta-, en que "los maestros" se retirarán y se readaptarán preparando a "vasos jóvenes" para "bajar" al mundo de los vivos y hacer el bien.

Además de eso, se asoció con la mentada Magdalena, quien era enfermera titular. Ella trabajaba en el centro espiritista de una tal Nubia que operaba detrás del hospital San Juan de Dios y juntas formaron un buen equipo. Los clientes salían del negocio con todos los productos que iban a necesitar para las "limpias" y otros trabajos esotéricos que los espíritus recomendaban. Hasta tenían "catres" en las plantas altas de la casa, para que los pacientes que necesitaran algún "suero vitaminado" o "inyección", reposaran en su propia cama, con alimentos a su hora y enfermera al pie, por un valor algo mayor al de la consulta inicial; los que salían "nuevecitos de paquete cero millas". Con decirles que ni los consultorios de los mejores médicos de la ciudad se mantenían con tanta gente, como la casa donde la gente sabía que podían encontrar a "ña Candela".

Comenzó a viajar a Estados Unidos con Magdalena. En una de esas tantas veces, le presentó a uno de sus hijos, de nombre Marlon Pérez, con todos sus papeles en regla, ciudadano americano, con trabajo estable. Se hicieron novios y a los seis meses contrajeron matrimonio. Fue así como Candelaria Estefanía obtuvo su residencia americana. Pasó fuera de Nicaragua cerca de 8 años, hasta que su situación se legalizó en ese país.

Él fue un buen esposo. Muy paciente y sobre todo "mano suelta". Cuando ella se iba por temporadas largas a Nicaragua, el dinero semanal no le faltaba, su remesa estaba ahí fija. El problema radicó, cuando una vez Candelaria Estefanía decide regresar sorpresivamente... Y, al entrar al apartamento, lo encontró con la "vecina" en plena acción.

Estalló la bomba y se separaron. No tuvieron hijos. Él terminó solo, viviendo en la calle como un pordiosero, enfermo y como era "evangelista" se le veía predicando en las plazas -biblia en mano-, con un megáfono usado. Lo encontraron muerto en un suburbio de la ciudad de Los Ángeles.

Enviudó de su segundo esposo y se dio cuenta por casualidad hasta los 6 meses del deceso. De nuevo libre, continuó trabajando como médium, cartomántica y quiromántica; todo esto ya fuera de la asociación con su suegra Magdalena.

Pasaron los años desde éste suceso y en diciembre del año 2012, contrajo nuevas nupcias (su tercer intento) con un "paciente" que se había venido tratando con los "espíritus" de su Centro de Asistencia.

Este señor tres años menor que ella, Lucas Antonio Juarez Oviedo, originario de Diriomo, es divorciado y con pasado como todo el mundo a esa edad; retirado y pensionado en los Estados Unidos. Al parecer existe una buena relación entre ellos, normal entre los recién casados. Es prematuro deducir si esta relación será duradera. Esperemos que esta vez el destino le sonría, por lo de aquello de **"primero son los bombones y luego vienen los trompones"**.

Desde hace décadas, su vida está en constante movimiento. Viaja a los Estados Unidos de América, como si fuera de Granada a Masaya.

En este país se hospeda donde una amiga incondicional que la recibe en su casa de habitación en la ciudad de Los Ángeles, California, sin cobrarle ni un peso por su estadía, pues ésta mexicana, es fiel creyente en "los maestros" y cree que ha sido escogida como la "esposa del Indio Guaica" (**cada loco con su tema**).

Sus hijas le han insistido en que se naturalice estadounidense y se quede de una buena vez viviendo en este país, pero no quiere hacerlo. Dice que ellas lo que desean es "mangonearla" y que eso no le gusta.

En un punto y aparte, Candelaria Estefanía no ha dejado de ser una "gastadora compulsiva". El dinero no le dilata más que segundos en las manos. Pareciera que la quemara. Otro de sus defectos ha sido "mentir". Decía doña Emelina Estebana: *"Esta hija mía, además de "chouvinista" (persona que arma shows con lágrimas y todo cuento) miente hasta dormida y es difícil para quien no la conoce, saber si está diciendo la verdad"*.

Fue la hija consentida de papá y de mamá también. Según don Hernán Augusto, la mejor hija que recibieron como una bendición, pues cuando ellos pasaron por una pésima racha, ella fue la única que se dedicó con devoción incondicional a apoyarlos económica y anímicamente, por lo que terminaron premiándola.

Para Anastasia –su hija- todo esto hoy día, es prueba superada, debido a la terapia psicológica a la que se sometió de adulta.

CONCLUSIÓN

Proverbios capítulo 11, versículo 25: "El alma generosa será prosperada; y el que saciare, él también será saciado".

NOTAS DE LA AUTORA: Cuando hay amor con lástima en una relación, es mejor poner fin a ella, por salud mental y quietud emocional. Si después de cierto tiempo nos damos cuenta que estamos con la persona equivocada, mejor buscar otros horizontes para no hacer la vida de quienes nos rodean un infierno cruel.

En una relación destruida, no existen culpables; ni víctimas ni victimarios; si no estábamos actuando con conocimiento de causa, el fin justifica los medios. Sin embargo, no está en ninguno de nosotros el juzgar el proceder de los demás.

Moraleja: Si como padre te das cuenta de algún tipo de condición que limite el buen desenvolvimiento de tus hijos en la sociedad;

debes de asumir la obligación de buscar una alternativa que le ayude a tu hijo a desenvolverse con su entorno y dentro de éste (que de por sí es cruel) y no buscar asidero en hombros ajenos. Esto es contra producente.

CAPÍTULO X

ANASTASIA CATALINA CÁCERES FERNÁNDEZ

La primera hija de Candelaria Estefanía Fernández Martínez y Raúl Cáceres Ubau... Fue la consentida de la familia de su padre, pues era la viva cara de Raúl en versión femenina. Muy agraciada. De chiquita –según su abuelita Luciana- parecía la foto de una postal para revista. Y eso que cuentan que la familia de su padre, en algún momento dado, por perjudicar a su cuñada a quien no soportaban, insinuaron que no era hija de él. Cuando se dio el alumbramiento, la cara de la niña al nacer era como si le hubiesen quitado la cara a Raúl, lo que vino a callar las lenguas calumniadoras... En pocas palabras, *"el hijo más negado es el más cargado de los genes del calumniador".*

Con todo lo anterior y no se sabe si fue por remordimiento de conciencia, se creó rodeada de atenciones de sus tías paternas, quienes no escatimaban en darle gusto. Se levantó viendo entrar y salir clientes del salón de belleza de su tía Jessuina y por consiguiente, la convirtieron en una coqueta de marca mayor.

Cuando iba a cumplir los 4 años de edad, su tía Yelba que era profesora de primaria y trabajaba en el Colegio Francés de Nuestra Señora de Guadalupe, consiguió cupo para que la chiquita estudiara desde "kínder" en ese centro de enseñanza. Y así fue. Se iba con ella (quien además, fue su profesora en el jardín de infantes) en el bus que las pasaba recogiendo en la esquina del Cuartel de Bomberos, a media cuadra de donde vivían.

En ese entonces, la enseñanza era de todo el día. Prácticamente era un semi-internado. Salían a las 6:30 a esperar el bus que pasaba exactamente a las 7:00 a.m. (las clases comenzaban a las ocho en punto y terminaban a las doce del medio día). A esa hora salían para la casa a almorzar y el bus pasaba de nuevo recogiéndolas a la 1:30 de la tarde, arrancando las clases de nuevo a las 2:00 y saliendo a las 6:00 en punto de la tarde.

Se imaginan -decía la madre de Raúl-: *"Eso es una buena táctica para mantener a los chavalos ocupados y sin deseos de vagancia".*

Encima de que llegaban a almorzar, tenían que hacer las tareas que debía de presentar la niña a las 2 de la tarde y después de cenar, tenían que estudiar con ella y orientarla en la elaboración de los trabajos que debía de presentar para el día siguiente.

Así pasaron los años, las promociones, los reconocimientos, los trofeos, los diplomas. Cuando la niña iba para primer grado, a las monjas del colegio se les ocurrió la genial idea de que iban a hacer las primeras comuniones. Ahí vino otro rollo... La niña ahora tenía que ir a prepararse para la doctrina los sábados y domingos de 8 a 12 del día y encima de eso, estudiar el catecismo.

Hizo su primera comunión con las hermanas "francesas". Su padre tiró la casa por la ventana. Le hizo una fiesta con tremenda piñata (un cisne blanco), con órgano y sorpresas y un total de 60 invitados. Su vestido era largo y blanco, con velo y corona como el de una novia y su tía Jessuina le había hecho un peinado fenomenal para la ocasión. Se podrán imaginar a la cipota viéndose en el espejo una y otra vez. Con decirles que armó un tremendo "sainete", pues no quería quitarse el traje para irse a dormir.

Terminó su primaria. A los doce años iba para secundaria. Sin embargo, el Colegio Francés cerró porque se dio la revoluta de la guerra de guerrillas. Sus padres buscaron otras opciones y la que más se le aproximaba era la del Colegio María Auxiliadora para señoritas y ahí matricularon a la joven.

A la jovencita le fue muy difícil adaptarse al cambio de colegio. Extrañaba todo lo de su Colegio Francés. Se volvió retraída y desaplicada como en una protesta permanente por lo que le estaba sucediendo.

Hizo el intento por salir adelante en su nuevo colegio. Pero comenzó a decaer en sus calificaciones. Siempre había sido una excelente estudiante. El cambio tan radical, era un factor inminente en su entorno, convirtiéndola en una persona "defensiva" todo el tiempo.

Sin embargo, en esa época se estaba dando en el país la "Jornada Popular de Alfabetización", en donde todos los estudiantes debían participar tomando clases de pedagogía para enseñar a leer y a escribir en las zonas rurales del país. Ella se enroló en esta actividad y la mandaron por 6 meses a las faldas del volcán Mombacho a cumplir con su parte.

Su padre preocupado, mientras ella cumplía lo anterior, investigó otras opciones y decidió cambiarla de colegio nuevamente. La matriculó en el Colegio San Antonio, en donde a empujones la muchacha se recibió del ciclo básico de bachillerato.

En esa época, el desbarajuste en el matrimonio de sus padres, también le estaba afectando. Los constantes pleitos y la violencia doméstica que se vivía en su hogar, era un trauma insuperable con el que tenía que aprender a lidiar.

Debido a todo lo anterior, tomó la decisión de comunicarle a su abuelo Hernán Augusto –a quien consideraba su confidente- que a ella le gustaría trabajar. Que se había dado cuenta que en uno de los hoteles de renombre de la ciudad había una plaza para una cajera-recepcionista, pero que como no tenía la mayoría de edad no la podían aceptar para el puesto. El abuelo la escuchaba atentamente. No le dijo nada, pero al final de cuentas, decidió ayudarla.

Se fue donde sus amigos de "peso" en la sociedad granadina, consiguió para su nieta 3 excelentes cartas de recomendación, pasó por el hotel y solicitó una cita con la Gerente General y al día siguiente le dijo a su nieta: *"Alístese que mañana tenemos una cita con la "mera mera" del hotel".*

Así fue. Ambos fueron a la entrevista y sacando la cara por su nieta, dijo: *"Yo y mis amigos -quienes firman estas cartas- respondemos por ella y cualquier asunto que se le relacione"*. La señora, le quedó viendo callada a los ojos, y le dijo: *"Está bien. ¿Cuándo puede empezar la joven?"*. A lo que ella misma respondió: *"Mañana mismo"*.

Al día siguiente se presentó al trabajo. La entrenaron en lo que tenía que hacer. Le dieron a hacer sus uniformes y arrancó con un salario millonario para una joven que apenas iba a cumplir 14 años. (Por la cercanía, tomó sus cosas y se fue a vivir a casa de los abuelos. Ahí duró dos años y tres meses).

Su abuela Emelina Estebana fue quien le enseñó a administrar su salario, principalmente a cumplir con las obligaciones contraídas. Le acompañó donde una amiga de ella que tenía una tienda de lujo en la ciudad y ahí le ayudó a escoger todo lo necesario para que anduviera siempre bien presentada y le asignó una cuota que debía de dar por su estadía en la casa, como una ayuda; le asignó las tareas domésticas que debía realizar al vivir con ellos... En fin, todo esto le quedó grabado en la memoria a la joven hasta hoy, pues piensa igual que su abuelo: *"Primero son las obligaciones y luego las devociones"*.

Como las cosas cambiaron de repente, se vio obligada a estudiar en la noche en la Escuela de doña Vilma Suárez, de donde se graduó de Bachiller y Secretaria Ejecutiva en Computación. Aunque ella ya era mecanógrafa titular con conocimientos avanzados en taquigrafía desde los once años, pues su padre le concedió y le pagó esta oportunidad.

Fue saliendo adelante. Posteriormente, por necedad de Raúl, dejó el hotel y comenzó a trabajar en un Banco como cajera, trabajo que no le gustaba. Antes ya había intentado estudiar "medicina" en la UNAN pero, enamorada de los buenos salarios, prefirió dedicarse a trabajar.

Fue entonces cuando su madrastra (Dinorah) le consiguió trabajo como recepcionista en la empresa privada, a la que ella se refiere hoy día como *"su escuela superior en la vida"*, pues los funcionarios de esa institución, fueron excelentes maestros, le tuvieron una gran paciencia y le enseñaron a trabajar basándose en la metodología de la "excelencia". Además, le habían conseguido una beca para estudiar "ciencias políticas" en Canadá. Paralelamente a su trabajo, estudiaba inglés los sábados en el Colegio Americano Nicaragüense (estos cursos salieron del bolsillo de su padre).

Durante el tiempo que trabajó ahí, se hizo novia de un joven de clase media, por quien despreció su beca a Canadá. Contrajeron matrimonio civil y por la iglesia, ambos con 19 años de edad.

Para la familia materna de Anastasia, el muchacho no les parecía porque *"todos los miembros de su familia habían nacido y sido creados en el mercado"*... Eran dueños de una tienda de ropa, comida y más; acostumbrados a relacionarse con gente de bajo estrato social como las "mercaderas" y esto era como darles una bofetada en cada mejilla, porque malo que bueno, la joven Anastasia había sido educada en el seno de una familia de la "sociedad", con altos valores y mucho blasón.

Sin embargo, ya sabemos cómo funcionan estas cosas. Entre más le dicen a una joven enamorada los defectos del novio y viceversa, pues más se encapricha en llevarle la contraria a sus mayores porque creen que lo hacen por molestar y terminan **"por meter las patas hasta el fondo"**.

La reacción de doña Emelina Estebana y don Hernán Augusto no se hizo esperar. Dijeron: *"Volvemos a lo mismo, estas mujeres siempre van a dar a lo peor. ¡Imagínate vos! –decían–, la más bonita e inteligente de todas nuestras nietas, se casa con un "mercachifle", ¡qué tristeza! Vamos a Raúl que lo permite. Ni modo, no podemos hacer nada. Malo que bueno, hay que darle gracias a Dios que por lo menos una de nuestras nietas se va a casar a como debe ser"*. Ese fue su consuelo, pues ninguna de las hijas de Margarita María salió de "velo y corona" de su casa.

Llegó el momento del matrimonio. Todo transcurrió normalmente. No tuvieron luna de miel y Saúl José fue otro de los premiados, pues encontró todo servido en la casa de su esposa Anastasia. Recibió una casa amoblada completamente y no tuvo que gastar ni en la cama en la que dormirían. Raúl sabía que él no tenía para comprar ni un alfiler, mucho menos para darle a su hija las comodidades a las que estaba acostumbrada.

Para la joven pareja, todo estuvo bien durante el primer mes, ya que –después de ese tiempo-, el **"Servicio Militar Patriótico u Obligatorio"** que impuso el régimen sandinista en Nicaragua, se llevó a su esposo para engrosar sus filas. Pasaron tres años. Solamente la visitaba cuando su jefe le daba "pase" para ir a casa o sea, cada seis meses. Estamos hablando de 1986-1988.

Era mujeriego "solapado". Un "máscala callando". Aun a sabiendas de que su esposa se daría cuenta de sus infidelidades, no le importaba, pues eso alimentaba su ego machista y su espíritu pobre, creándole cierta satisfacción a su autoestima deteriorada.

Vivía en una competencia perenne con ella. Siempre buscaba como llevar la delantera. Actuaba con premeditación y alevosía. Para él Anastasia fue con un trofeo al primer lugar, pues hasta sus oídos llegó que apostó a que se casaba con ella a pesar de verla y saber que era "seria y repugnante".

De esta relación nació Juan Eduardo. Ella dice que es lo único bueno que resultó durante su matrimonio de nueve años y medios.

Durante su matrimonio, un día de tantos, sonó el teléfono a eso de las tres y media de la madrugada y al contestar, se llevó tremendo susto... Un amigo de su esposo del otro lado de la línea le dijo: *"No sabemos qué hacer. Saúl José está detenido en Masaya, pues golpeó y parece que el accidente de tránsito generó muertes en la carretera a Masaya. Las víctimas pertenecen a una familia de campesinos que viajaban en bicicleta. Él necesita urgente un abogado".*

No sabiendo cómo iba a hacer para sacarlo de esta situación comprometedora, esperó a que clareara un poco. A las seis de la mañana, llamó a la madre de su esposo, le explicó la situación, avisó del acontecimiento a su jefe y salió con su suegra camino a "la ciudad de las flores".

Estando en la delegación de policía, los soldados de la prisión lo sacaron para que lo vieran. Estaba todo asustado y nervioso por lo sucedido.

Era tanto el aprecio que los empresarios le habían tomado a la joven Anastasia, que enviaron a su jefe (un prestigioso abogado al sitio), a hacer las indagaciones y luego a la cárcel para ver cómo podían ayudarle a la joven a solucionar el problema y a poner en libertad al irresponsable de su marido. Se llevaron todo el día en idas y venidas para desenrollar la madeja de semejante lío... ***"Homicidio culposo",*** fue el veredicto final.

Pasaron de tres a cuatro horas en ese ir y venir. Milagrosamente, el Dr. Garay, (jefe de Anastasia Catalina) conocía a la abogada de oficio que le habían asignado al caso y resultó que había sido su alumna en la universidad. Juntos, lograron "sacarlo bajo fianza" (C$15,000.00 córdobas que le prestaron en el trabajo a su esposa y que le fueron descontando mensualmente en cuotas de C$500.00 córdobas).

En otra oportunidad, se le zafó al mismo amigo que le avisó del accidente (un moreno con quien estudiaba) el siguiente comentario: *"Ese accidente se dio porque bebimos demás al salir de la universidad y nos fuimos con las muchachas al concierto del cubano Silvio Rodríguez. Ahí él bebió a más no poder a pesar que le decíamos que recordara que iba a manejar"*. Versión muy diferente a la que él le había dado a su esposa: *"Lo que pasó fue que se me fueron los frenos y esos campesinos no llevaban luces en las bicicletas... fue por eso que los atropellé"*.

También al llegar a Managua, pasaba todos los días por el trabajo de su mujer, para que le diera para el combustible y encima de eso, ella le asignó una tarjeta de crédito paralela a la suya para que la usara. Meses después, llegó un estado de cuentas a manos de Anastasia Catalina para el pago correspondiente, llevándose tremendo susto al encontrar "nombres de moteles de cinco estrellas" que ella nunca visitó con él, como una prueba fehaciente de su "infidelidad", pasando a ser la gota que rebasaba el vaso. Para solucionarlo, le quitó el plástico adicional y ahí vino el descontento de él por completo.

Hubo una larga temporada que pasó sin empleo y tampoco se emocionaba por salir a buscar uno, como popularmente decimos: **"salía a buscar trabajo, rogando a Dios no hallar"**. Su mujer se encargó de conseguirle empleo mediante sus contactos en Managua, pero él se presentaba con su guitarra a la oficina y terminaron despidiéndolo porque le pagaban para trabajar, no para tocar guitarra.

Entrando a los últimos seis meses de su relación, se alborotó con otra mujer en el lugar donde había conseguido empleo, comenzando a ver defectos en su esposa, sin tomar en cuenta -como dicen en buen nica- "que le metió el hombro", mientras él solamente estudiaba y salía de farra con sus amigos, dejándola a ella y a su pequeño hijo abandonados en la casa porque para ellos "nunca tuvo tiempo".

Para peor de males, la tipa era hermana de la novia de su primo, el menor de los hijos de su tía Jessuina. Pueden imaginarse el enredo. Su tía optó por ignorar a su sobrina ya que primero estaba la felicidad de su vástago –comprensible ¿no?-, pero directa o indirectamente azuzó sobre el problema, ya que, recibía al ex–esposo de su sobrina con su nueva adquisición y encima le permitía libertades como por ejemplo que le continuara llamando "tía" en un desborde total de cinismo y falta de respeto.

La novia de su hijo, su madre y sus hermanas se consideraban con el derecho de pisotear a su sobrina y ella bien gracias; tenían sus tertulias familiares; sus paseos, en fin... Imagínense, según Jessuina decía "amar" a Anastasia... con esta actitud, ¿qué tal si la hubiera "odiado"?... Un amor bastante extraño ¿no les parece?

Para ese tiempo, doña Luciana, abuela paterna de Anastasia, falleció. La velaron en la casa de su tía Nora. De ahí mismo salió el entierro. Ella hizo acto de presencia, pues su tío político José se encargó de avisarle.

La novia de su primo y todas sus hermanas ("cortesanas con ínfulas de grandes señoras") se hicieron presentes en grupo como las "codornices" a la casa de su tía Nora a darle el pésame a la suegra de su hermana. Doña Noria, la que fue novia de su padre Raúl en sus años mozos y quien hizo una excelente amistad con Anastasia, llegó a darle el pésame a la familia.

Doña Noria sabía de la situación que era "la comidilla del día en la ciudad" y le preguntó a Anastasia si se sentía bien y le dijo: *"Esto que está permitiendo Jessuina es una barbaridad, es un atropello a su sangre. ¿Querés que me siente con vos por cualquier cosa? Esas mujeres vienen en tono amenazante por la forma que te están mirando. Me gusta sin embargo como las ignoras. Mis felicitaciones porque tenés el porte y la postura de toda una dama, pues la mujer debe ser y aparentar ser. Lástima que no sos mi hija, si no ya me hubiera tomado la libertad de poner a todo el mundo en su lugar aquí".* Y ahí se estuvo la señora haciéndole compañía hasta que se fue para su casa.

Después del entierro de su abuela, recibió el recado de su flamante tía Jessuina: *"Que no se le ocurriera llegar a los nueve días de su abuela porque la iba a correr".* Anastasia se quedó asombrada por el mensaje. Estaba tratando de dilucidar ¿qué había pasado?...

Se dio cuenta por una íntima amistad que todo esto fue por intrigas del **"carrusel de casquivanas"** que formaban el círculo familiar de la futura nuera de su tía, lo que hizo que ella se tomara la libertad de prohibirle a su sobrina llegar a los nueve días de su abuelita Luciana, porque se comió cada cuento que tejieron a su alrededor, aunque Anastasia se comportó decentemente todo el tiempo y hubo testigos de ello.

Por los sabios consejos de su abuela Emelina, Anastasia prefirió callar, otorgar, sentarse y esperar. Además, su abuela con el ceño fruncido por el enojo, le preguntó: *¿y eso te extraña? Deberías de haberte acostumbrado desde hace rato ya a su "modus operandi".*

La ignominia pública de la que estaba siendo víctima por parte de las hermanas de su padre sumió a Anastasia en una profunda pena moral. Se adelgazó de tal manera que parecía que iba a desaparecer de la faz de la tierra. No le dolía tanto el hecho del desbarajuste de su matrimonio, si no, el desdén de quienes hasta en esos días consideraba parte de su familia.

Para cerrar con broche de oro, su tía Jessuina y su esposo q.e.p.d., son los padrinos del hijo que tiene el ex esposo de su sobrina con su nueva pareja. Los señores repitieron la historia ensañándose con ella como lo hicieron con su madre.

Su tía Yelba (que dicen es la que creó a su sobrina como una segunda madre), es comadre de la novia-viuda, ya que la buscó de madrina de confirmación de su hija menor... Se llaman "comadres" públicamente y su prima "Yelbita" le llama cariñosamente "madrinita". Otra burla más para su sobrina Anastasia. Hay amores de por más extraños... Increíble de creer pero cierto, pues quien ama "no maltrata".

Es la fecha y siempre se visitan como grandes amigas. A Jessuina le encanta recibir las visitas de la que hubiese sido su nuera y los hijos que tiene son invitados a las piñatas de las fiestas familiares. ¿Cómo les quedó el ojo?

Un día de tantos, se suscitó el accidente de tránsito en que pereció su primo Ovidio de 21 años. Su padre Raúl le avisó por teléfono del suceso desde los Estados Unidos. La muerte de su primo se daba faltando una semana para casarse.

Él insistió tanto a su hija que "en momentos así los rencores y las ofensas quedan atrás" que terminó asistiendo a las honras fúnebres de su primo. Asistió a la vela, acompañada de sus primos queridos, hijos de sus tíos Nora y José (a quienes ha considerado de toda la vida como sus hermanos, porque se levantaron juntos). Sus primos nunca pusieron en tela de duda su inocencia. No pasó de la acera ni se acercó a darles el pésame a sus parientes, porque no lo consideró un acto sincero. Fue muy doloroso haber visto los rostros de sus "tíos" sumidos en aquel dolor latente y punzante.

Fue al entierro y es mejor no describir lo que pasó en el cementerio. Fueron escenas realmente desgarradoras. Jessuina y su esposo no asistieron porque prefirieron pensar que su hijo había hecho un largo viaje y delegaron en su cuñado José quien se encargó de que todo acaeciera como debía de ser en el campo santo.

Para Anastasia Catalina esto fue impactante. De la noche a la mañana la mujer que formó parte para hacerle la vida imposible, no logró entrar a su familia por la puerta grande como deseaba ni humillarla como pensaba; aunque esto se diera con un hecho tan desagradable, bochornoso y doloroso como es la pérdida de un ser querido. Esta situación le golpeó con fuerza el alma, ya que Ovidio era lo mejor que tenía como pariente por ese lado. Fue un joven atento, cariñoso, trabajador, lleno de tantas virtudes y sobre todo, anduviera con quien anduviese, le doliera a quien le doliera, si encontraba a su prima Anastasia se acercaba a saludarla con mucho cariño.

En una ocasión, por la hija de su tía Nora, su prima del mismo nombre, le comentó: No sabes prima que fui de visita donde tu tía del alma Jessuina y la encontré discutiendo con Ovidio porque la novia le comentó que él la había dejado sola en una mesa por levantarse a saludarte a vos, a lo que sonriendo le contestó: *"Mamá, novias puedo tener las que se me vengan en gana, pero ella es mi prima y es tu sangre o acaso mi tío Raúl no es hermano tuyo; entonces madre mía, hay que respetar eso... familia es familia y si a mi novia no le gusta, mejor que no te ponga quejas y que lo discuta conmigo"...* y la tía se quedó calladita, solamente la escuché decir... "Okey" -con aquel modito que vos y yo sabemos-y que conocemos a la perfección.

Su famosa tía se estaba ensañando con ella de la misma forma que lo hizo con su madre y mucho peor, porque su madre, no es nada de ella, pero ella es su sobrina; aunque a Anastasia no le era indiferente su forma de actuar, pues en el pasado, ya le había hecho varias maldades. No bastándole con lo del pasado, volvió al ataque nuevamente azuzando, intrigando, calumniando, comiendo cuentos, etc.

Para no cansarles con tantos fragmentos desagradables, Anastasia se divorció de Saúl José (quien le mandó la notificación de divorcio unilateral a su trabajo). Trató de enlodar su nombre con un "leguleyo sin título que se consiguió", pero Anastasia –defensiva como se había creado debido a las circunstancias de la vida-, fue hasta el final y le ganó legalmente todas las partidas.

Pasó a ser jefe de familia, padre y madre para su hijo (desde los dos añitos hasta sus quince años). Su ex-esposo, para no pasarle la pensión alimenticia a su hijo, dejaba de trabajar y así se voló trece años consecutivos "viviendo sabrosamente la vida loca", haciéndose el oídos sordos, porque según él su ex-mujer no iba a gozar ni un centavo de lo que a él le costaba, -como si alguna vez la mantuvo-. Así piensan los irresponsables. Siempre buscan como "escabullir el bulto". Todo este comportamiento hizo que Anastasia se portara mucho más dura, eliminando por la vía legal sus visitas al niño... pues, *"el que no cumple con sus obligaciones, pierde – indiscutiblemente- sus derechos"*.

Su joven hijo hoy día le reclama que ella solamente era trabajo, trabajo y más trabajo, pero de no haber sido así y si se hubiese atenido a Saúl José, les hubieran sacado de la casa que rentaban, les hubieran cortado los servicios básicos por falta de pago, lo hubieran sacado a él del colegio, etc., etc., etc.

Recuerda también lo que su abuela Emelina Estebana le decía: *"Te voy a dar C$100 córdobas, para que vayas a la Catedral, compres 200 velas, se las encendás al Santísimo, le pagués al padre para que te tienda una alfombra roja desde la entrada hasta el altar, para que entrés de rodillas desde la puerta diciendo... Infinitamente gracias Señor por haberme librado de semejante lastre"*.

Saul José, todo el tiempo se sintió inferior aunque su esposa tratara de involucrarlo en el círculo social que frecuentaba, no hubo manera. Acostumbraba a decirle: *"Que tengo que andar haciendo con ese poco de viejos* "encorbatados" con los que te rozás... ¡nada!; déjame en paz y andá a hacer tu vida social".

Amén de todo lo anterior, siempre se ha vestido como si fuese el presidente de la UVA (unión de vagos asociados): pantalones de mezclilla, camiseta, zapatos tenis y guitarra en mano. Como él mismo se definió en una oportunidad: **"Antes de ingeniero, soy un músico frustrado"**. ¡Pobre diablo! Es la fecha, casi ya de 50 años y como dicen: **"Sigue celeque arriba del palo"**.

También su abuela Emelina le decía: *"No estés llorando porque ningún hombre merece las lágrimas de una mujer. Mírate en un espejo. Sos joven, bonita, inteligente, preparada, con un excelente empleo, sólo tenés un hijo... te van a sobrar pretendientes, pero ojo con darle puerta a cualquiera. Espero que hayas aprendido la lección de que la miel no se hizo para los zopilotes. Tené paciencia. El hombre ideal va a llegar. Lo mejor es que un hijo es ninguno y el que llegue, si te ama, te aceptará con tu hijo... Recordá el refrán: "El que quiere a la vaca, quiere al ternero". Las cosas pasan por algo. El de arriba con seguridad te tiene preparado algo mejor y el hombre que viene para vos te va a valorar porque te lo merecés hijita... lo presiento".*

Su abuela Emelina fue de la política: *"Sentate a esperar que tendrá su medio vuelto"*. ¡Así es! La familia de su mujer lo trata con desprecio, lo ven de menos, no le dan su lugar, lo mantienen con "la ley del bozal". Además, si tiene para una cosa, no tiene para la otra y encima de eso, dicen que su suegra es de las que visita a los mejores brujos de los pueblos y que ella hace el trabajo sucio para las hijas, manteniendo a sus yernos como los cerdos... **"viendo para abajo"**. Lo dice toda la ciudad.

Anastasia Catalina siempre buscaba como incrementar el ingreso para su familia. Por un mejor salario desempeñó diferentes cargos en varias empresas; cada trabajo era una experiencia diferente y adquirió conocimientos adicionales de acuerdo a cada cargo. Concretó estudios técnicos en todo lo relacionado al manejo de almacenes fiscales y trabajos aduanales; aprendió a manejar el idioma de los arquitectos e ingenieros constructores; recibió entrenamientos y se ganó becas en diferentes estudios técnicos superiores en los idiomas: español, inglés, alemán y también uno que otro curso en mecánica automotriz. Todos asociados con las necesidades de las compañías para las que trabajó. Estos conocimientos le ayudaron a lograr un excelente desarrollo profesional y a manejar a la perfección la ética laboral.

En su último empleo, llegó a formar parte del personal de confianza y en múltiples ocasiones fue premiada por su buen desempeño, además de ser galardonada como "empleada fundadora" de esa compañía. Sin embargo, se vio obligada a renunciar porque dejó Nicaragua para vivir en tierra del "tío Sam". Solamente le quedan los buenos recuerdos de sus últimos años de gloria profesional en Nicaragua.

Su segundo esposo, Antonio Hoffman fue quien la trajo legalmente a Norte América. Bien dice el refrán: ***"Si un diablo te bota, un ángel te recoge"***. Este hombre, descendiente de italianos y alemanes por parte de su padre y sobrino-nieto de su abuela Emelina Estebana (nieto de su hermana querida, Vilma Auxiliadora), es un caballero en la extensión de la palabra. Es tan especial que en primer lugar está ella y después el resto. La valora, respeta, estima y ama profundamente.

Le lleva diez años más. Cuando lo conoció estaba en sus 43 años. Se presentó como un hombre divorciado y libre desde hacía veinte años atrás. Con una hija producto de esa relación. En ese momento fue sincero y dijo: *"Estoy en una relación libre con una mujer en los Estados Unidos, pero las cosas no están funcionando bien desde hace rato ya"*... y, *"al entendido por señas"*. Así se fueron dando las cosas entre ellos. Se enamoraron. Vivieron juntos por 2 años y luego se casaron.

Juan Eduardo de 11 años para entonces, entró en celos y le puso "tema" a su padrastro y lo apodó "el aparecido". Cuando este puso la petición familiar de residencia para él y su madre hacia los Estados Unidos de América, no quiso viajar con ellos porque –dice su madre-: *"Alguien le hizo un tremendo lavado de coco, obligándolo a respirar el aire viciado que sigue soplando por aquellos lares"*. A pesar de todo, el muchacho ya es un profesional, un hombre independiente.

Acá vemos como Dios premia a quien es humillado. La fe y creencias han llevado a Anastasia a la meditación permanente, práctica que le ayuda e impulsa a lograr sus metas y proyectos haciendo realidad sus sueños. Es respetuosa de la opinión de los demás; dueña de su propio negocio; concluyó estudios teológicos y filosóficos en la logia de los Rosacruces en California, dedicando algún tiempo a ayudar a otros. Siempre ávida de conocimientos, tiene la lectura como una disciplina. Es perseverante en todo lo que hace, tratando de perfeccionarse para adquirir la excelencia. En fin, hoy administra su vida y su tiempo. Se enorgullece al decir que Antonio Hoffman, después de la bendición de ser madre, es lo mejor que le ha sucedido en la vida. ¡Se acabaron los infortunios!

No tiene nada más que pedirle a Dios, pues siempre la tiene con salud (que es la mejor bendición que cualquier ser humano puede recibir como premio). Es una mujer que –aunque no visita la iglesia religiosamente- renueva su fe orando y meditando frecuentemente; y, sobre todo, supo escuchar los buenos consejos de su abuela Emelina, una mujer sabia por sus experiencias, y pues, *"el que oye consejos, llega a viejo".*

Sus valores morales, sociales y espirituales los aprendió de sus mayores y en **"la escuela de la vida",** con empujones y caídas. Lo bueno es que siempre que cae se levanta inmediatamente, con la frente en alto y el cuerpo erguido.

De su abuela Emelina aprendió a no agachar la cabeza; a continuar en pie aunque soplen aires tempestuosos; a valorar, a dar gracias, a respetar a los demás; a quedar viendo fijamente a los ojos y sostener la mirada frente a la persona con la que se conversa; ... a tener una sola palabra "si" o "no".

Ha sido trabajadora, perseverante y perspicaz. De una sola línea lo que le ha colaborado firmemente en forjar su carácter fuerte.

Los comentarios mal intencionados han estado latentes todo el tiempo en su camino; han hablado mal de ella y de su hermana, sobre todo los familiares de ambos lados, más que los desconocidos. Sin embargo, Anastasia Catalina es de las que piensa: *"Preocúpate cuando no hablen de vos, porque significa que has perdido popularidad; alégrate cuando hablen de vos, pues significa que sos importante"*.

CONCLUSIÓN

Menciono acá la frase: **"La justicia es mía"** -dice el Señor-.

Proverbios capítulo 19, versículo 8: "El que posee entendimiento ama su alma; el que guarda la inteligencia, hallará el bien".

COMENTARIO DE LA AUTORA: Dicen por ahí que *"ninguna mujer decente se involucra con un hombre casado"*. Pero... un sabio refrán reza: **"A la fuerza, ni los zapatos entran"**... *Cuando un hombre ama a otra mujer y busca en la calle lo que dice no encontrar en su casa... desafortunadamente, no hay peros ni hijos que lo detengan.*

Ante tanta vicisitud a la que fue sometido el personaje de este relato, siempre ha vivido en paz consigo mismo, pues a pesar de que le hicieron tanto daño aprendió a dejar de un lado los rencores porque estos solamente estaban deteniendo su andar.

Cito acá **San Mateo, Capítulo 5, versículos del 22 al 24:** "Pero yo os digo que cualquiera que se enoje contra su hermano, será culpable de juicio; y cualquiera que diga: Necio, a su hermano, será culpable ante el concilio; y cualquiera que le diga: Fatuo, quedará expuesto al infierno de fuego. Por tanto, si traes tu ofrenda al altar, y allí te acuerdas de que tu hermano tiene algo contra ti, deja allí tu ofrenda delante del altar, y anda, reconcíliate primero con tu hermano, y entonces ven y presenta tu ofrenda".

Moraleja: Perdonar es virtud de los fuertes y vencedores. Hay que ser osado y disciplinado en la vida. Tener sentido de responsabilidad. No creerse más que otro. Tener los ojos bien abiertos e inspeccionar el terreno que pisamos para no cometer errores garrafales de los que de nada sirve arrepentirse, porque siempre queda ahí una huella indeleble... Imborrable.

CAPÍTULO XI

SUIZA LORENA CÁCERES FERNÁNDEZ

La segunda hija de Candelaria Estefanía y Raúl. Como la más pequeña, fue la más consentida.

Al contrario de Anastasia Catalina, su hermanita no fue "jugada" por las hermanas de Raúl, pues Candelaria Estefanía creía que le iban a "robar" el cariño de su otra hija también, por lo que no permitió que ellas se le acercaran mucho ya que no eran dignas de su confianza.

Así fue creciendo. En medio de la violencia doméstica de los padres, situación de la que cree recordar ciertas cosas, no todas. El físico de estas hermanas es completamente diferente la una de la otra.

La familia de Raúl por su lado preferían a Anastasia Catalina y la de Candelaria Estefanía a Suiza

Lorena. Marcaron las diferencias sin ponerse a pensar como adultos en el daño que iban a causar en las niñas.

Ellas por su parte, no se daban cuenta en su inocencia de tales diferencias. Trataban de apoyarse en todo, aunque a veces el entorno del que hablamos, dejaba un fuerte sinsabor en la relación de las hermanas.

Estudió parte de su primaria en el Colegio Francés de Nuestra Señora de Guadalupe, parte del ciclo básico en el Colegio María Auxiliadora (ambos de Granada) y parte del ciclo diversificado en el Colegio Pureza de María de Managua.

A diferencia de su hermana mayor, Suiza Lorena fue creciendo independiente aun dentro de la dependencia de sus padres. Ella sabía cómo convencerlos para que hicieran lo que ella deseaba. Todo el tiempo se salía con la suya.

En los años de su adolescencia, tuvo más libertades que su hermana. A ella la dejaban salir libremente, "sin chaperones".

Cuando su madre y su padre se separaron, pasó a vivir directamente a la casa de los abuelos maternos, quienes se hicieron cargo de ella, bajo la supervisión directa de doña Emelina Estebana y su padre Raúl, quien llegaba cada fin de semana a ver cómo se comportaba su hija y a dejarle a su ex-suegra, la mesada para la manutención de su consentida.

Tuvo muchos pretendientes. Por las cosas del amor, se fijó en el tipo equivocado. Un sujeto, de origen humilde. Su familia vivía en un sector conocido, camino hacia el pueblo de Malacatoya, en las afueras de Granada. Además, algo mayor para ella...

En algún momento su abuela Emelina dijo: *"Un día vengo de la cocina hacia la sala donde estaban los novios y veo que los dos se están tirando del pelo, como si fueran una pareja constituida y les dije: Ustedes no parecen novios, sino queridos".*

También recordaba doña Emelina que su nieta Suiza Lorena, había estado muy antojada, con deseos de comer frutas ácidas como mangos y jocotes, ya que eran sus encargos a la doméstica cuando iba al mercado a hacer las compras de la casa. Por lo que le dijo: *"Si no fueras mi nieta, me atrevería a decir que estás preñada".*

Y no se equivocaba. Como decimos, Suiza Lorena había metido las patas hasta el fondo y salió con su domingo siete. Estaba embarazada del hombre y andaban buscando una solución a la brevedad.

Doña Emelina Estebana no salía de su asombro y no se explicaba cómo pudo pasar tal situación bajo su techo. Como siempre y por aquello del "qué dirán" la señora le propuso a la muchacha "abortar", pero ella se negó rotundamente. La abuela dijo a su padre Raúl: *"Ni con mis hijas pasé semejante vergüenza".*

Lo mejor viene cuando las tías queridas de las hermanas Cáceres Fernández se dieron cuenta del rollo del embarazo de Suiza Lorena. Comenzaron a hablar destrozando a la muchacha y haciendo un escándalo desagradable de habladurías; dimes y diretes que iban y venían.

Raúl para entonces, ya se había mudado definitivamente a vivir a Managua y decidió llevarse a su hija a su nuevo hogar, que allí levantara su barriga y si lo deseaba pues que se casara con el padre del hijo que esperaba. Él la apoyó siempre en todo. Nunca le dio la espalda.

Raúl contrajo nupcias con su nueva pareja y decidieron viajar a los Estados Unidos de América, llevándose con ellos a Anastasia Catalina (que no lo hizo), a Suiza Lorena y a los hijos de ambos, un niño y una niña.

Debido a que los trámites migratorios de Raúl no estuvieron listos a tiempo con los de su segunda esposa, Dinorah, sus niños y Suiza Lorena tuvieron que partir antes. Él viajó meses después a reunirse con ellos. Sin embargo, ya a Raúl casi no se le veía por Granada, se mantenía el 90 % del tiempo en la capital.

El día de su viaje a Norteamérica, Raúl se vio en serias complicaciones cuando hubo de partir, pues en el aeropuerto se le apareció Susana con una orden para no dejarlo salir demandando "pensión alimenticia" para los cinco hijos que tenía con ella. Lo hizo sudar "la gota gorda" por unos minutos para después dejarlo ir.

Las hermanas de Raúl esperaron a que Suiza estuviera lejos, -porque son de lo más hipócrita que ha dado la naturaleza-, para seguir con la comidilla de siempre: *"Suiza Lorena y su domingo siete",* como si fuera la primera joven alrededor del planeta que cometiera un error de esa naturaleza.

Unas semanas después de la partida de ellos a Estados Unidos, doña Emelina Estebana iba pasando por la casa que rentaba Yelba, hermana de Raúl y cómo ahí había dejado su nieta a su perrita –que era su adoración- para que la cuidaran, tocó a la puerta y se encontró con el **CONCEJO DEL CHISME Y LA DEPREDACIÓN** compuesto por las hermanas de su ex –yerno quienes estaban despedazando a su nieta Suiza Lorena y comenzaron a tirarle indirectas a la señora que era de poco hablar.

Contaba doña Emelina Estebana que uno de los comentarios fueron: *"No nos explicamos cómo Suiza Lorena hizo algo semejante ni a quien salió con esas mañas de mujer corrida; haciéndole pasar esa vergüenza a Raulito que tanto confiaba en ella. Se comportó como una mujer fácil, sin principios, liviana".*

A lo que la señora rápidamente les contestó: *"No me explico yo por qué ustedes se expresan así de mi nieta, en vez de hacer comentarios constructivos al respecto. Lo que pasó, pasó ya no hay vuelta atrás. Ya se casó, está viviendo en otro país, va a parir a su hijo lejos de todos nosotros y me parece que no hay para qué seguir haciendo leña del árbol caído. Pero qué se puede esperar de ustedes si nunca quisieron a mi hija, menos que sientan algo por mis nietas. Ahora bien, eso de que a quién salió, pues en mi familia tampoco ha habido alguien con esas malas costumbres y ustedes sí deberían saber a quién salió, porque han tenido escuela".*

Ante tal contestación, no dijeron "agua va". Doña Emelina se despidió con una sonrisa –la que siempre la caracterizó ante los ojos de quienes querían humillarla-, diciendo: *"Que tengan una muy buena tarde y un excelente fin de semana y que sigan disfrutando de su intercambio de comunicación, pero recuerden que tienen hijas y que la lengua castiga. Hasta la próxima, si acaso".*

Hago hincapié que a su hermana Anastasia Catalina, nunca le cayó bien su cuñado. Le inspiraba desconfianza. Y tenía razón. Ya verán por qué.

Llegaron a los Estados Unidos, en donde nació el primer nieto de Raúl. Suiza Lorena fue auxiliada por su madrastra Dinorah –quien en un inicio no se portó bien con ella, pues hubo diferencias trascendentales de por medio que por poco hacen que Suiza se regresara a Nicaragua provocando que Raúl no viajara a Estados Unidos-. Sin embargo, al final, las cosas no pasaron a más.

Pasados algunos meses, apareció de la nada, el padre del bebé y decidieron juntos ir a vivir a otro estado, como una familia legalmente constituida.

Ya estando en su nuevo domicilio, encargaron otro bebé. Esta vez fue una niña. Sin embargo, el hombre, era un patán de marca mayor. Suiza Lorena comenzó a sufrir (como su madre Candelaria Estefanía) de violencia doméstica, situación que soportó durante muchísimo tiempo y cuando sus hijos estaban algo grandecitos, decidió separarse del tipo.

Se divorciaron y ella con sus hijos son una familia "cristianamente" constituida. Ya los muchachos se casaron y es abuela de dos hermosas niñas (una de cada uno de sus hijos) además de un nieto de su hija. No tiene nada que pedirle a la vida, pero sí, al igual que todos, tiene mucho que agradecer a Dios.

Ha sido excelente hija, esposa, madre y hermana. Una mujer inteligente y bien centrada. Con espíritu emprendedor. Trabajadora y ecuánime.

CONCLUSIÓN

COMENTARIO DE LA AUTORA: Suiza Lorena es una mujer con una gran capacidad para perdonar; estudiosa de la Sagrada Biblia; temerosa de Dios, agradecida con él y con la vida.

Cito aquí el preámbulo del Salmo 91: "El justo que confía en Dios, vence todos los peligros".

Moraleja: La fe mueve montañas y la de ella es infinita.

CAPÍTULO XII

OTRAS ADQUISICIONES MATERIALES Y LOS TIEMPOS EN FAMILIA

Contaba doña Emelina Estebana que cuando don Hernán Augusto –su esposo- adquirió las tierras en Rivas, llegó hecho un loco a la casa, con las escrituras en mano y le dijo: *"Emelina, esta es la segunda gran propiedad que tenemos en la mano para los muchachos, después de esta casa, así el día que yo falte, van a tener techo y tierra para trabajar y obtener el sustento".*

Hago un paréntesis para participarles que en ese entonces, él estaba comenzando a trabajar como Jefe Político de la Ciudad por el partido liberal de los Somoza. Era de aquellos que "acarreaba" gente para llenar las plazas donde "Tachito" iba a estar dirigiéndose al pueblo y se sentía orgulloso de eso.

Emelina Estebana, el pilar de su hogar, velando siempre por los intereses de la familia, hubiera querido que él lograra algo por ser como era de leal a la "política" y a los intereses de los Somoza; pero él decía que eso lo hacía por convicción y porque le gustaba y no por lograr algo. Le ofrecieron becas para sus hijos en los Estados Unidos de América y dijo NO; le ofrecieron cargos públicos con mejores salarios y dijo NO; le ofrecieron viajes y dijo NO... él siempre se basó en lo siguiente: *"No voy a aprovecharme de las circunstancias. No quiero que alguien más adelante diga que mi familia y yo somos, nos aprovechamos y sacamos provecho en la vida gracias a la bondad de unos cuantos y a la desgracia de otros muchos"* y en que *"hay que trabajar duro, para llegar a tener plata, porque "el que tiene plata, platica".*

Doña Emelina Estebana "nunca trabajó". Cuando Margarita María tenía 11 años, don Hernán Augusto "le puso" una tienda en el comercio (cerca de la tienda de Jaime Oyanguren), en donde se vendían los "cortes de tela finísimos", solamente para que ella matara el tiempo y no estuviera encerrada en la casa al cuidado de los hijos y del hogar.

Con todo y los gustos que le daba a su esposa, fue un mujeriego empedernido. La suegra de Emelina

Estebana vivía feliz cada vez que alguien le decía que su hijo tenía varias "queridas" en diferentes lugares del país y no bastándole con su felicidad, se iba donde su nuera a participarle de las fabulosas hazañas de su vástago.

Una vez de tantas, llegó con una invitación a una boda. Para sorpresa de Emelina era la boda de su esposo con una tipa "encopetada", dueña de un "palacete" en Managua. Cuenta que su querida suegra le dijo: *"Viste, Hernán al fin se va con alguien diferente"*, a lo que ella le contestó: *"Está por verse"*. No obstante, como para enfadarla más, le dejó la invitación en la mesa de noche.

Haciendo uso de su inteligencia y sabiendo que su esposo llegaría ese fin de semana, no movió la tarjeta de donde la dejó su suegra. Estaba segura de que su marido la vería y de que asumiría que ella se había enterado de su "majestuoso" plan.

Supo por boca de otras personas -invitadas a la fiesta por su nueva "boda"- que EL NOVIO NUNCA APARECIÓ a la ceremonia, dejando plantada a la mujer... como quien dice: **"Lista y peinada de moña"**. Así calló la boca de doña Justiniana, quien siempre decía al que quería escucharla: *"No sé lo que mi hijo le vio a esa mujer"*.

Continuando con la emoción de la hacienda en Rivas, hicieron un viaje en el microbús de don Pancracio (el esposo de Margarita María) hasta allá. Los ojos de Anastasia Catalina, no se daban abasto para terminar de ver tanta tierra junta y cuando llegaron a cierto punto, vieron correr dentro de los parajes de la hacienda el río Ochomogo. El ganado pastaba y bebía agua en el río. Recorrieron cierto trecho y se atrevieron a meter los pies en el agua.

Doña Emelina Estebana, por su parte, había preparado una senda tanda de BAHO, "comida típica nica", hecha de: carne de res, maduro repasado, plátano verde, yuca, tomate, chiltoma, cebolla, sal y vinagre al gusto –todo esto cocido con hojas de plátano a fuego manso; aparte del "perol" de arroz y una serena pana de ensalada de repollo, cebolla y chiltoma, adobada con vinagre de plátano. ¡Ah!, y de beber "pinolillo" o "tiste" bien helado y sin azúcar.

Todos se sentaron a comer cerca de la choza del cuidador y después se tendieron a dormir en las hamacas que estaban colgadas de los árboles de tamarindo. Cuando despertaron a eso de las cuatro de la tarde, estaba amenazando un tremendo aguacero y recogieron todo para regresar a casa. Llegaron a Granada a eso de las nueve de la noche, pero con la promesa del abuelo de que regresarían otro día. Efectivamente, Anastasia Catalina regresó, pero cuando él ya había muerto.

Don Hernán Augusto compró la Quinta en Diriomo en 1971, como regalo de cumpleaños para su esposa. Efectivamente era una "finca" y cuatro manzanas -debidamente delimitadas- al frente de esta. Definitivamente, la distancia entre Diriomo y Granada es cortísima en relación al viaje de Granada a Ochomogo, por lo que para hacer un viaje a la Quinta, con solamente tomar el bus de Granada a los pueblos, se llegaba con facilidad.

En lo particular, a Anastasia Catalina le encantaba (cuando iba con su abuela), sentir al entrar el olor a jocotes, guayabas, nancites, icacos –árboles que formaban hilera desde el portón de hierro rojo de la entrada de la quinta hasta la casa grande (trecho de cerca de dos cuadras).

Su abuela se transformaba cuando iban de gira en bus hasta la propiedad. Se vestía de pantalones, botines, camisas a cuadros, un pañuelo y sombrero de palma en la cabeza, con una canasta, y le encantaba que quien la acompañaba, le ayudara a recoger las frutas caídas para llevarlas a la casa y repartirlas entre todos los demás miembros de la familia.

Una vez concluida esta tarea, y ya aproximándose a la casa dentro de la propiedad, el "mandador" y su familia, salían al encuentro de "ña Melina" y detrás de ellos, los patos, los cerdos, los pollos, las gallinas, los perros, los gatos, en fin... y luego, la mujer del mandador le decía: *"¿cuántos vienen señitó?" pa´saber cuántas gallinas voy a pelar pa´ cocinarlas y que coman.* Y ya, le quitaban la canasta, le lavaban las frutas, adicionándole –además- verduras y cabezas de plátanos y bananos que ellos tenían ya **"pepenados y preparados"** para hacer el **"aliño"** al momento del regreso de la "patrona" a casa.

Prácticamente iban para allá casi todos los fines de semana. Eran diferentes miembros cada vez. El tío Juve y su esposa Odilí con sus hijos; el Dr. Trinidad Fernández y su familia; el tío Apolinar y su esposa Daisy; una sola vez llegó la tía Juno con su hija Andrea y las infaltables que eran las familias de Candelaria Estefanía y Margarita María.

Como les decía, los fines de semana eran de "relax" para toda la familia y quienes quisieran unírsele. De allí todo el mundo llevaba de todo un poco para su casa; a veces se iban desde el viernes y regresaban hasta el domingo en la tarde, bien tarde.

También cuando llegaban familiares del exterior a pasar vacaciones, las reuniones y buenas estadías eran siempre en la quinta de Diriomo.

¡Tiempos inolvidables aquellos! Hoy día solamente ha quedado una que otra foto de estos momentos que sirven para dar testimonio de lo que les estoy relatando.

CONCLUSIÓN

COMENTARIO DE LA AUTORA: Hay que disfrutar el día a día al máximo mientras se pueda.

Proverbios capítulo 22, versículo 2: "El rico y el pobre se encuentran; a ambos los hizo Jehová".

CAPÍTULO XIII

EL DESBARAJUSTE

No podemos decir que la familia no gozó las adquisiciones de los abuelos. ¡Sí que lo disfrutaron! Anastasia Catalina recuerda como sus primas mayores (María Reinalda y Luisa Verónica –hijas de Margarita María), se peleaban diciendo que todo eso iba a ser de ellas un día. ¡Las ironías de la vida!

Recordemos ahora al esposo de Margarita María, don Pancracio Amador Suárez, de quien hablamos, fue dueño de la TIPOGRAFÍA SAN PEDRO Y SAN PABLO. Murió de cáncer pulmonar el 3 de mayo de 1975.

Antes de morir, dejó todo en orden, nombrando a su esposa –por consejos de su suegro y sus abogados- como **"albacea universal"** de todos sus bienes, lo que significaba que hasta que ella dejara de existir, los hijos de la pareja, podrían tomar posesión y hacerse la repartición correspondiente de todo lo heredado.

Pasaron cuatro años. Nos trasladamos ahora a mayo de 1979. La guerra de guerrillas estaba en pleno apogeo en Nicaragua. La caída de Somoza Debayle, se veía venir a todas luces. Don Hernán Augusto, no tomó providencias en el asunto, porque decía: *"Es imposible que boten a Somoza, él cuenta con el apoyo GRINGO, el apoyo de los Estados Unidos de América, el imperio del mundo... La primera potencia".* Atenido a esta creencia, hizo caso omiso y continuó con su vida.

La situación en Nicaragua entera era insostenible. Había escasez de todo. Estaban en guerra. Un día de tantos, Anastasia Catalina se encontraba caminando despistada y sin rumbo. Las aceras y las calles estaban lúgubres y vacías. Sólo se dejaba sentir el eco sonoro de la lluvia. El miedo le hacía presa... pues se le pasó la hora de recogerse a obscuras tras las paredes de adobe de la casa que rentaba su padre en la ciudad de Granada. Eran las cinco y cincuenta y un minutos de la tarde. Se desconoce con exactitud la fecha. Sólo sabe que era un martes de Junio del año mil novecientos setenta y nueve y que pronto sonaría la sirena del Cuartel de los Bomberos anunciando a todos que a las seis de la tarde -como era ya costumbre-, tenían que cumplir con el tal **"toque de queda".**

Ese día no sabe por qué, le hacía falta saber el destino de sus abuelos maternos. Se fue caminando rápido a eso de "la hora nona" hasta su casa de habitación. En el trayecto la detuvo un guardia que le dio un piropo y ella apresuró el paso, pues se contaban anécdotas tenebrosas de jóvenes que habían sido vapuleadas y violadas por los militares del régimen de Somoza.

Cuando llegó a su destino, estuvo platicando abierta y largamente con "su papi", Don Hernán Augusto Fernández Fernández –q.e.p.d.-, quien sin olvidar sus convicciones trataba de explicarle -con palabras sencillas-, el por qué estaba pasando esa nube cenicienta de incalculables errores y se había detenido ahí, justo sobre sus cabezas.

Cuando se dieron cuenta, eran las cinco y treinta. La "mimi", Doña Emelina Estebana Martínez Suazo, no quería que se aventurara en el corto viaje de ocho cuadras de distancia entre su casa y la de su hija... y le decía a su esposo: *"Es mejor dejarla aquí. Déjame llamar por teléfono a Candelaria Estefanía* (su hija y madre de Anastasia) *para decirle que no se preocupe, que hoy se queda con nosotros a dormir".* Pero su hija, siguiendo órdenes de su esposo

Raúl, a esa hora desconectaba el teléfono... exactamente media hora antes del **"estado de sitio"**. A las seis de la tarde, por seguridad, solamente debían de escuchar el zumbido de los zancudos y el canto de los grillos, en un espacio reducido.

Anastasia Catalina, pensando en que su madre estaría preocupada, decidió emprender el viaje de regreso, siguiendo al pie de la letra las instrucciones de su abuelo... *"No se detenga a platicar con nadie"*. *"Súmese a los grupos de personas que caminan por las calles como codornices"*. Así fue.

Llegó a su casa ubicada a la vuelta de la esquina de la propiedad que en ese momento rentaba don Alfredo Vallecillo. Se arpilló de espaldas. Sus brazos y manos acariciaban la pared bordeando la esquina mencionada, la que años después se diera a conocer que es la que vio nacer a la beata nicaragüense, Sor María Romero.

En ese momento salía de ahí Ana Margarita –pareja de don Alfredo-quien como vecina y amiga de su madre, le auxilió a llegar hasta el garaje de su casa. Golpearon las puertas lo más quedito posible, pero Candelaria Estefanía abrió casi inmediatamente. En ese momento, la joven que esperaba un regaño, simplemente fue merecedora de un abrazo de amor entre lágrimas y Ana Margarita recibió las muestras de agradecimiento infinitas de una madre preocupada.

Una vez adentro, agachadas y guiándose bajo la tenue luz de un pequeño foco de baterías, se dirigieron al escondite, el recoveco más seguro de la casa... el baño del cuarto del servicio. A eso de las cinco y cincuenta y algunos minutos más (faltaban dos o tres minutos para las seis), lograron escuchar los gritos y lamentos de varias madres vecinas, gritando adoloridas porque la Guardia de Somoza les había arrebatado a sus hijos adolescentes acusándolos de infidentes y de colaborar con la guerrilla. Habían sido encontrados en las calles después de la hora estipulada para mantenerse en casa.

No se los llevaron para engrosar sus filas. Dicen unos que los retuvieron en el cuartel de La Pólvora. Dicen otros que, a algunos los trasladaron al Fortín y a los demás, simplemente los torturaron y condenaron a morir, sin poderles comprobar que eran parte de la guerra de guerrillas.

Esas pobres mujeres angustiadas, simplemente presentían la partida definitiva de sus hijos, quizás hacia un mundo mejor... Y, entre paréntesis, ellos quizás irían a formar parte de la tierra prometida, donde no existe un ejército genocida, donde no hay más sublevación que la de la voz de los ángeles alabando en coro al Señor de los Señores, ese mismo amo que habita el universo y que es uno sólo en la Trilogía de la Santidad... Dios, quien tiene la facultad de dispersarse como polen en el aire, hacia cada uno de nuestros buenos o malos momentos.

Volviendo al recorrido del laberinto que se había formado en ese momento en la mente de Anastasia Catalina, su madre y su hermana Suiza Lorena, podían escuchar desde su refugio, las carreras de varios hombres apresurados, asustados, hacia donde lo que los granadinos conocemos como "la Zona del Canal" y "la Rotonda de La Hoyada". El miedo ahí latente de las tres se apoderaba, y Candelaria Estefanía decía """shshshsh""" a sus hijas completamente afligida. Las niñas, podían ver su inquietud y el temor que le asustaba reflejados en sus pupilas negras dilatadas. Ella presionaba su dedo índice contra los labios de su boca, mientras sus brazos rodeaban el cuello de sus hijas y, además, hundía sus cabezas (en señal de protección) debajo de sus axilas.

Sabían por otros vecinos, que en cada enfrentamiento con la guerrilla, propiamente en la acera de su casa, en la puerta del garaje, se apostaba con una **"pata de gallina"** (una metralleta sostenida en un trípode), uno de los más siniestros soldados de la Guardia Nacional de Somoza en la ciudad, a quien apodaban **"el gato Colindres"**, apuntando hacia una de las salidas de la "zona del canal", la que daba a la "tapia del BASTA YA" en el popular barrio La Hoyada. Era por esa razón, que parecía que el arma estaba dentro de la casa, cada vez que eso sucedía, por lo menos pasaban dos días con un terrible eco en los oídos.

Cito textualmente el relato que posteó recientemente en su muro de Facebook, el Licenciado e historiador granadino, Francisco Uriel Castillo Gómez:

"El GATO COLINDRES", era de la familia Salas de Granada, sobrino del borrachito bachiller Salas, quien murió celebrando su bachillerato eternamente. El Gato era un joven granadino que participaba en las tomas de las iglesias, protestando contra los Somoza. Capturado por la Guardia, fue torturado tan salvajemente que tuvo que prometer que se enrolaría en ese ejército de criminales. Su apodo se debe a que tenía unos ojos parecidos a los del general Juan Gregorio Colindres, lugarteniente del general Sandino. El Gato Colindres asesinó al joven **Eugenio Pacelli Ibarra,** *hijo del organista de la Iglesia de la Merced. Joven que se encontraba con él, era joven muerto. Cierto día de 1978, yo caminaba por la calle La Sirena, rumbo a La Gaviota, de pronto desembocó proveniente de Cuiscoma*

*y después corriendo al sur, un joven que se refugió
en una casa del sector. El yipón de la guardia lo
ubicó, el Gato entró, encontró al joven de rodillas,
pidiendo clemencia y recibió las ráfagas de fusil del
asesino. Cuando ejecutaron al Gato Colindres, a raíz
del triunfo Sandinista en 1979, dicen que lloró como
mariquita".*

Normalmente un enfrentamiento entre "guardias"
y "guerrilleros" duraba un máximo de tres horas y
un mínimo de dos... El olor a pólvora y a muerte
quedaba flotando en el aire por un buen rato.

Por un instante se sintió venir un futuro incierto y
perseguido por una jauría de lobos hambrientos
de poder y de gloria; animales feroces vestidos
con piel de cordero, engañando con sus fauces
y traicionando con su labia a quienes en esos
momentos aguardaban por la paz y la libertad que
habían perdido: El pueblo.

Las horas desde las seis de la tarde para
arriba, simplemente pasaban con lentitud
inmensurable... Claramente se escuchaban los
tiros y los sonidos de metralla de las armas que
ocupaban los grupos en conflicto. Se sabía que
"los muchachos" usaban "AKAS" y la "guardia
nacional de Somoza" dicen que eran unos tales
rifles ""GERANG"" (no estoy segura si la marca
se escribe así, lo que puedo asegurar es que el

temor y el miedo de todo lo que se creía estaba sucediendo en la calle, era más tenebroso que el zumbido de las balas).

Era notorio –además- que en el vecindario habían francotiradores apostados (en la casa de alto y con piscina a 20 varas sobre la acera que daba a la casa de los Cáceres Fernández) apuntando su vista telescópica directamente al "boquete" que da a la esquina de la casa de "las Avileses", conocidas también como "las pololé".

Las hermanitas Cáceres Fernández, estaban únicamente al recaudo de su madre. Su padre Raúl –después de quince días en casa-, había tenido que salir en su escarabajo blanco a recoger su salario a la ciudad Managua; las provisiones en casa ya eran galletas simples, granos y café que les estaba fiando la pulpería de Doña Lucita López. Cáceres, había dicho a su esposa por teléfono, tres horas antes que tocara la sirena, que era imposible volver temprano a Granada, que habían muchos retenes de la guardia nacional dispersados en cada kilómetro de la carretera, que lo más seguro era que las vería "mañana".

Sin embargo, la anécdota de más suplicio que pasaron, fue cuando el medio hermano de Raúl (Gustavo Osorio) y sus hijos Luz, Gustavo (quien de libre y espontánea voluntad se enfiló a los doce años en el Servicio Militar Patriótico –obligatorio-, que impuso el gobierno sandinista en 1980, en donde perdió la vida en la guerra para desarmar la llamada "contra-revolución") y Rosa, pasaron una temporada corta de 10 días en la casa, pues la situación en Masaya, donde ellos vivían era caótica... Somoza había mandado a bombardear sitios estratégicos de esa ciudad, como lo era el popular barrio de Monimbó.

Raúl tenía cinco días sin llegar, solamente se comunicaba por teléfono si podía. El hombre de la casa pasó a ser entonces el tío Gustavo Osorio. Eran cerca de las diez de la mañana del 14 de Julio de 1979. El tío escuchó carreras y estaba arpillado a la pared de la sala de la casa, que daba directamente a la puerta principal. Se fue escurriendo hasta llegar a la puerta y cuando estuvo detrás de esta, la entre abrió y vio que hombres armados se deslizaban de la Zona del Canal en dirección a la casa. De los nervios, soltó la puerta y esta se cerró con fuerza; motivo más que suficiente para levantar "sospechas" entre los uniformados.

Lo malo es que él creyó que eran "los muchachos" los que venían y ¡NO!... era la "guardia nacional". Afuera los gritos ordenando *"¡ABRAN LAS PUERTAS!"*. Los nervios consumían a todos los que estaban adentro. La angustia en sus ojos era más que visible y sin querer el nerviosismo se apoderó de ellos, siendo mucho peor cuando escucharon que a patadas se abrieron las puertas de la sala de la casa, de par en par.

No se sabe decir cómo Candelaria Estefanía se controló y corrió a meter a sus hijas y sobrinas políticas, debajo de las camas, ordenándoles en un susurro... *"¡Silencio! ... si hablan nos pueden violar y matar"*. Los uniformados de la Guardia Nacional de Somoza, entraron, revisaron todo, se comieron unos frijoles cocidos que estaban en la cocina. Se bebieron el café, se llevaron las galletas simples y llenaron las cantimploras de agua de lluvia que habían almacenado para beber y otros alimentos que se habían conseguido con dificultad en días anteriores.

Lo que les salvó de males mayores, fue que el jefe de la cuadrilla de guardias, era el hijo del mandador de la "Quinta de Diriomo", se llamaba "Chalilla". Chalilla reconoció a Candelaria Estefanía y les dijo a sus hombres: *"Bajen las armas, porque la señora es hija de la persona que por mucho tiempo nos tendió la mano a mí y a mis padres"*. Si no hubiera sido por eso, todos estuvieran ya siete metros bajo de tierra.

Así fue la década de finales de los setenta... Así recibieron la mayor parte de los nicaragüenses la década de los ochentas, en esa tierra de lagos, montañas, islas, isletas, volcanes y poesía.

Anastasia Catalina a sus escasos doce años trataba de comprender la explicación que le había dado, casi dibujada, su abuelo Hernán, más no lograba ver muy claro ¿qué pasaba en Nicaragua? ¿Por qué de su padecer?

La Guardia Nacional del General Anastasio Somoza Debayle, dinastía con aproximadamente 45 años de empoderamiento... Los guerrilleros respaldados en la leyenda de Sandino. Estos eran los bandos en conflicto. Unos por su lado defendiendo al dictador, los otros por el suyo, decían que peleaban por una patria mejor.

¡Fue una guerra indecente, llena de horror y crueldad! En sus últimos días de mando, Somoza Debayle desesperado mandó a bombardear varias ciudades del país (casi toda Nicaragua). Menos mal que Granada no corrió la misma suerte -dicen los viejitos- que por ser la protegida de "La Inmaculada Concepción de María", Patrona de la ciudad.

Antes de huir en su jet privado, Somoza Debayle –dizque por órdenes del Presidente estadounidense de ese entonces, Jimmy Carter- entregó el mando a un tal Señor Urcuyo... Fue así que los nicaragüenses, tan sólo por unas horas, estrenaron Presidente.

… Y muchos fueron los engañados en la búsqueda banal de la ansiada libertad.

CONCLUSIÓN

Proverbios capítulo 22, versículo del 24 al 25: "No te entrometas con el iracundo, ni te acompañes con el hombre de enojos, no sea que aprendas sus maneras y tomes lazo para tu alma".

COMENTARIO DE LA AUTORA: Hay que buscar soluciones a los conflictos en todos los aspectos de la vida; hay que ganarse la buena voluntad de la gente, como un punto y seguido o un paréntesis, pues lo que damos, recibiremos de regreso.

Moraleja: "Los malos gobernantes son producto de los hombres sin carácter".

CAPÍTULO XIV

EL SECUESTRO DE UN PAÍS

Cuando los NICAS se dieron cuenta, ya era muy tarde para derrocar a los nuevos dictadores; sin percatarse, habían sido comprometidos a vitorear consignas comunistas y a entregar a los hijos varones para pelear en el frente de guerra por el Frente Sandinista de Liberación Nacional (FSLN), desde las filas obligatorias del Servicio Militar "Patriótico" que impusieron para "resguardar la soberanía Nacional", de los "gringos", de la "cia" ... del ""ejército imperial"".

Nicaragua era ahora un pueblo sin voz, atado de pies y manos y sin deseos de luchar. Bajo tal presión, no quedaba más que unirse a ellos y gritar "las vivas a Sandino y a los nueve comandantes que mangoneaban la mal llamada Revolución Popular Sandinista"; fueron obligados a asistir "sí" o "sí" a las manifestaciones para mantener asegurado el bajo ingreso familiar, porque de lo contrario serían tildados inescrupulosamente de "traidores", de "vende patria" o peor aún, alevosamente señalados de "espías" de la Central de Inteligencia Americana, conocida como "C.I.A.".

Y los nuevos genocidas, en su mismo ser y estar. Atacando a la iglesia sin piedad. Cambiaron el "Gloria, gloria, aleluya", por la "Misa Campesina" de Carlos Mejía Godoy y Los de Palacagüina –las letras de estas canciones son a cual más pegajosas y todavía hoy día, cuando un nica las escucha, con seguridad (como un patrón bien aprendido) las canta tal y como si fuera la primera vez.

Es tan triste recordar la visita del Papa Juan Pablo II al país. **"La novena"** de comandantes de la Revolución: Los hermanos Daniel y Humberto Ortega Saavedra; el escritor Sergio Ramírez Mercado; Jaime Wheelock Román; Henry Ruiz; Carlos Núñez Téllez -q.e.p.d.-; Tomás Borge Martínez -q.e.p.d.-; Bayardo Arce Castaño y Luis Carrión Cruz, hicieron que **"las turbas divinas de la revolución"**, vitorearan en plena homilía: **"¡Sandino vive, vive... La lucha sigue, sigue!" Dirección Nacional... ¡Ordene! ¡Queremos la paz! ¡Queremos la paz!** A lo que el Sumo Pontífice, contestó muy molesto: **"¡La iglesia es la que quiere la paz!"**.

¿El porqué de esta respuesta?... Resulta que los "comanches" hicieron una cacería de brujas en contra de los sacerdotes que no mezclaban sus convicciones revolucionarias con la fe. Les tendieron trampas -utilizando en uno de los casos más sonados en Managua- a una prostituta que se prestó por dinero para tentar a un ministro de la iglesia, situación con la que montaron una tremenda "campaña de desprestigio", en donde los medios de comunicación oficialistas estaban preparados para contribuir al espectáculo. Luego de eso, los perseguían y amonestaban en una clara advertencia.

Cada día era un amanecer diferente para los nicaragüenses. Amenazas y persecuciones no se hicieron esperar. A los que no comulgaban con sus ideas absurdas, ni con venerar el nombre sacrosanto de Augusto César Sandino, les mandaban a las **"turbas divinas"** a gritar frente a sus casas: **"A los traidores y vende patria... ¡paredón! ¡paredón!"**. **"Somos turbas, turbas, turbas,... ¡Y qué! ¡Y qué! ¡Y qué!"**. **"Somos sandinistas, pa´lante, pa´lante y al que no le guste, que aguante, que aguante"**.

Después de una media hora vitoreando consignas, abrían las puertas de las viviendas de "los burgueses" -a quienes les "tocaba el turno" para destruirles sus pertenencias- a "garrotazo limpio" y si no lograban abrir las puertas, apedreaban las casas e insultaban a sus moradores; mientras el resto del pueblo, aceptaba estar "con la bota en el pescuezo" –porque de lo contrario y como decimos en buen nica-, les podía ir peor de lo que ya estaban si se manifestaban en un acto de protesta.

La casa don Hernán Augusto y su esposa, se capeó por poquito de ser saqueada, pues gracias a un joven que andaba entre los "turbulentos" y que conocía a su nieta Anastasia se abstuvieron de entrar, pero ese día la casa de los Fernández estaba en la mira.

Todos los que estuvieron dentro del país en esa década de infortunios, saben de las amonestaciones a la empresa privada. Sin embargo, los empresarios hacían sus protestas pacíficas –a través de ruedas de prensa- desde las instalaciones de la organización que los agrupaba, el Consejo Superior de la Empresa Privada (COSEP). Ellos fueron la esperanza de muchos ganaderos, arroceros, comerciantes, etc. Eran los únicos que no se callaban ante las adversidades y atropellos de los "gorilas de turno" y gritaban a los cuatro vientos las injusticias y las arbitrariedades que estos nuevos dictadores hacían en el día a día para acallar las voces del pueblo.

Su valentía fue castigada con la muerte de Don Jorge Salazar, pero no se "achicaron", siguieron su proclama y nombraron como Presidente de la organización a otro valiente, a Don Enrique Bolaños Geyer, que hoy en día figura en la historia como uno de los Presidentes de la República de Nicaragua.

Muchos fueron testigos del sufrimiento, de las persecuciones, de los encarcelamientos, de las torturas psicológicas y de las amenazas de muerte que padecieron los empresarios del COSEP, principalmente algunos trabajadores de esa organización, quienes pidieron asilo político en diferentes países, recuerdan haber recibido llamadas telefónicas de la **"Dirección General de la Seguridad del Estado" (DGSE)** -bajo la dirección del Comandante Lenin Cerna-, en las que les preguntaban: *"vos sos el o la hija de la tal por cual que trabaja para el Churruco Bolaños"* –el apodo de don Enrique- **y cuando decían: "sí", les contestaban:** *"para vos y tu jefe, PAREDÓN"*. Recuerdan también que después de pasado el susto de la amenaza, bromeaban diciendo: *Está jodido el asunto, "nos llamó la DE-GE-SE-LLEVAR".*

El terror y el horror se apodero con más saña de Nicaragua. Era una situación de nerviosismo permanente. El pueblo se sentía vigilado todo el tiempo, pues la política de *"si no estás conmigo, estás contra mí"* era la que prevalecía tangiblemente hablando.

(Solamente están leyendo parte de una historia, pero les aseguro que, como esta, hay muchas más escondidas en algún rincón, las que no salen a la luz por temor a recordar o a ser victimizados y perecer "suicidados" por ahí, en algún otro lugar).

Las zanganadas continuaron... Censuraban todo tipo de prensa. Los nicas apodaron los lunes de cada semana de "negros" porque el "córdoba" semanalmente se devaluaba indiscriminadamente. En algún momento de la historia fueron millonarios. Llegaron a almacenar dinero papel en la bolsa hasta para tirar hacia arriba, más sin embargo, en el comercio no habían productos básicos para cubrir cada necesidad personal, tan sólo eslóganes en las tiendas rezando: ***"hay que consumir lo que el país produce",*** lo cual era muy poco, o sea que simplemente había que conformarse con el paquete de arroz, frijoles rusos (les decían "biterras" porque eran tan grandes como una cápsula de esas vitaminas) y azúcar conocido como *AFA*, el que distribuían mensualmente los jefes de los sindicatos.

Era lujo conseguir huevos, leche, carne, papel higiénico, pasta de dientes, toallas sanitarias, vinagre; con decirles que no habían los famosos "diapers" de tela para bebés; una madre en particular contó: *"Tuve que comprar yardas de manta para que me cosieran los pañales que iba a usar mi hijo por nacer"* y si no hubiera sido porque mis parientes me mandaron desde Estados Unidos de América, dos maletas con todo lo que un bebé necesita, el niño se hubiera bañado con "jabón de tierra" y se hubiera vestido con "lo que el país producía en ese momento" o sea... "NADA DE NADA"."

Los "nueve comanches" decidieron repartir tarjetas de alimentación a cada familia para controlar los alimentos; instalaron los tales Comité de Defensa Sandinista o C.D.S., en donde los "cedesistas" no eran más que lame botas, ojos, pestañas y cejas de los grandes Sandino-comunistas. Eso sí, -haciendo hincapié-, quiénes tenían familiares fuera del país, principalmente en el norte, eran más afortunados, pues con $20.00 dólares, podían ingresar a cualquier "diplo-tienda" (tienda diplomática) y comprar los productos que no encontraban en el mercado y, pueden imaginarse quiénes eran los dueños.

La excusa era que Nicaragua estaba sufriendo el "bloqueo económico que impuso el Presidente norteamericano Ronald Reagan", pero no decían al pueblo el porqué de ese bloqueo. Atacaban la sede diplomática de los estadounidenses y en sus discursos amedrentaban a la gente que no comulgaba con su política terrorista.

Los aviones de guerra de los Estados Unidos de América rompían la barrera del sonido causando un tremendo estruendo en el cielo de Managua. A continuación el flamante Presidente Daniel Ortega Saavedra se escuchaba en **"cadena nacional"** por radio y televisión diciendo: *"Ya oyeron, el vaquero (Ronald Reagan), nos quiere meter en miedo mandándonos al pájaro negro".*

La "Dirección Nacional" del FSLN y sus dirigentes en el poder, incitaban al pueblo, al proletariado, a la clase pobre para que atacaran a quienes pertenecían a una clase social media o alta, a quienes despectivamente apodaban de "burgueses", haciendo uso de sus debilidades para sacar ventaja.

Hacían un excelente "lavado de cerebro" a los chavalos que se llevaban a la fuerza al servicio militar, para derrocar a la contrarrevolución que operaba desde Honduras; tenían monopolizada la enseñanza en las escuelas públicas y privadas; los libros del "abc" y de matemáticas tenían ejemplos con dibujos de armas, granadas y otras representaciones bélicas (para ir influenciando a la niñez a la guerra).

Por estas razones, muchos nicaragüenses prefirieron abandonar el país y buscar mejores alternativas para sus hijos, ya que era caótico y profético lo que estaba por suceder a aquellos que por mala suerte o porque creyeron en falsas promesas no pudieron abandonar a la patria.

Así pasaron los años entre miserias y racionamientos de comida y de los servicios básicos. Contar con agua, energía y teléfono... era lujo en ese tiempo; además, las líneas telefónicas estaban "intervenidas" y los empleados de la empresa telefónica que hacían "jornadas extras" a las que llamaban "jornadas roji-negras", tenían órdenes de escuchar las llamadas de todos los nicaragüenses y reportar los números que creyeran habían hecho o tenido conversaciones telefónicas sospechosas que pudiesen perjudicar a la patria.

Estos señores proletarios eran más burgueses que los Lacayo, los Chamorro, los Benard o los mismos Pellas. Hicieron de Nicaragua la digna tierra de nadie y por lo visto desean quedarse para siempre a gobernar; para cerrar con broche de oro, en la radio y en los canales televisivos del "oficialismo" solamente veían y escuchaban veinticuatro horas al día y los siete días de la semana, a Daniel Ortega Saavedra y compañía limitada, en los televisores

"CARIBE" y en los radios "SIBONEY" –made in Cuba-.

Era algo terrible... En todo el país, en todos los medios de comunicación, se escuchaban exactamente las mismas voces, se veían las imágenes de los mismos "hijos de Tuta" –como dicen los salvadoreños- que estaban gobernando a la nación.

La diferencia hoy día es que, aunque se cuentan con los dedos de las manos, hay unos cuantos sensatos que hacen oposición y los sandinistas se han dividido en el *"Movimiento Renovador Sandinista"* o MRS -aunque ellos debieran llamarse **"Movimiento de Resentidos Sandinistas"**- ya que es la fracción de los inconformes y dolidos del régimen efe-ese-ele-nis-ta que como no les permiten repartirse con la misma cuchara, se apartan en su rincón y **"ni pichan ni cachan ni dejan batear"**. El MRS aglomera a los sandinistas que **no** son "danielistas" y que dicen regirse por los ideales del liberal Augusto César Sandino. La otra parte de la naranja es el *"Frente Sandinista de Liberación Nacional"* o FSLN, plagado de seguidores del actual Presidente Inconstitucional de la República, Sr. Daniel Ortega Saavedra... Y aquí está el pegón, pues *"gallina que come huevos, ni que le quemen el pico"*.

Entre los opositores, no hay muchas opciones para poder elegir, pues tenemos al Dr. Arnoldo Alemán Lacayo, que todos sabemos que ha estado en prisión por fraude y robo a las arcas públicas, lo que se conoce como **"ladrón de cuello blanco"** o sea **"un tamal descarado de marca mayor"**.

Antes de que "don Arnoldo", fuese Alcalde de Managua (en la década de los ochentas), fue Presidente de la Unión de Productores Agropecuarios de Nicaragua (UPANIC) que era una de las Cámaras que formaban la organización del COSEP.

Era un hombre que en ese momento estaba sufriendo la persecución de la "Dirección General de la Seguridad del Estado" del FSLN, pues le estaban confiscando la mayor parte de sus bienes; estaba siendo amenazado con cárcel; encima se veía su sufrimiento por la enfermedad terminal de su esposa María Dolores Cardenal; en fin, el hombre tenía serios problemas en ese entonces.

Cuando el representante del oficialista FSLN fue derrotado en las urnas por el voto del pueblo y Doña Violeta Barrios de Chamorro (viuda del "mártir de las libertadas públicas", Pedro Joaquín Chamorro Cardenal) asumió la Presidencia, don Arnoldo Alemán estaba corriendo para Alcalde de Managua. Se retiró de UPANIC y se dedicó de lleno a la política, ganando en su totalidad, con la mayoría del voto popular (entre comillas, pues en este país, ya no se sabe si creer o no en los candidatos a las mal llamadas "elecciones libres"), la Alcaldía de Managua.

Cuatro años después de este logro, decidió correr para Presidente de la República y ya sabemos el resto. Comenzaron las "francachelas", el "derroche", el "abuso de poder", los "viajes lujosos y millonarios", etc., etc., etc., a costillas del presupuesto de la república.

Don Fabio Gadea Mantilla, creador del famoso personaje "Pancho Madrigal", dueño de una de las más famosas radios del país: La Corporación, era uno de los candidatos más idóneos para ocupar la silla presidencial en los comicios de noviembre del 2011. Pero, **"siempre hay un pelo en la sopa"...** Don Fabio, además de estar ya entradito en años, es consuegro del funesto de Arnoldo Alemán Lacayo.

La verdad ¡NINGUNO SIRVE!, pero de los males mayores hay que escoger el menos peor.

Sólo se puede decir que la patria lloró el exilio de los hijos que parió. La patria se tragó el odio del demonio que engendró. La patria sufrió en silencio por su desintegración. La patria exige justicia por la sangre que derramó y con seguridad no quiere más de lo mismo.

La opinión que la mayoría de los nicas en el exterior tienen del Señor Ortega Saavedra es que es un hombre perseverante y ambicioso y como tal, sigue embaucando a unos cuantos ciegos para lograr sus objetivos. ¡Pobre el pueblo nicaragüense! ¿Hasta cuándo permitirán más sabotajes? ¿Hasta cuándo dejarán de ser masoquistas? ¿Hasta cuándo lograrán seguir en lo mismo? La nación está retrocediendo de nuevo a los ochentas, con la diferencia que el monopolio hoy día es de la FAMILIA GOBERNANTE... LOS ORTEGA MURILLO, quienes han cambiado las leyes de la constitución de la república, no para conformar un estado de derecho basado en la justicia –como diría Sócrates a Platón-, sino para convertirse en el nuevo dictador. Diríamos que ¿son patrones aprendidos del somocismo? – Certeramente ¡sí!

La neta –como dicen los mexicanos-, cuando ya se vive fuera del ambiente, nos podemos compadecer de las decisiones "estúpidas" de los muchos, porque *"La necesidad hermano, tiene cara de perro"*, pero eso no significa que no tengan sueños que deseen cumplir. Algunos políticos de edad, con años fuera del país, piensan que en ciertos pueblos latinoamericanos **"los**

estúpidos están divididos" y por eso no salen del cautiverio en que los mal llamados socialistas los han sumergido.

Lo que se puede asegurar es que todos los que apoyan a Ortega, son los mismos que se beneficiaron en los ochentas (como decimos vulgarmente, "mamando la teta"), lucrándose con buena carne; tarjetitas diplomáticas o de la tienda militar; carritos LADA soviéticos; becas a los países comunistas; estar detrás de un buen puesto por "oreja" y no por su educación; un terrenito con su casita por vitorear y gritar consignas partidistas o por hacer bulto en las manifestaciones; cargándose las donaciones de los países comunistas que ayudaban al país y dejando lo peor al resto de la población.

Los jóvenes ganaban becas a Cuba, la URSS y otros países socialistas con el sólo hecho de afiliarse a la JS19J (Juventud Sandinista 19 de Julio) u obteniendo la membrecía del partido oficialista y hasta su diploma universitario (si cargaron el fusil para derrocar al dictador).

El FSLN al mando del señor Ortega Saavedra, habrá cambiado los colores rojinegros por el colorcito de la Pantera Rosa (es un "secreto a voces" según los nicas que este consejo lo tomó de su mujer –que entre comillas, es la que tiene el poder y más preparación académica que su flamante esposo. Por ahí dicen que es filósofa, poeta y políglota-).

A la primera dama de la república de Nicaragua, sus ciudadanos la apodan de cariño LA CHAMUCA, -mote con que sobre llaman a las brujas-, apodo que se ha ganado porque dicen que es muy dada a consultar a los chamanes suramericanos y a pagar "excelentemente bien" por sus servicios. Sin embargo, este tipo, habrá cambiado su traje militar por ropa civil, habrá cambiado la letra del himno de la revolución, pero ojo, hay que estar atentos... *"todo lo que brilla no es oro"* y pues *"la mona aunque se vista de seda, mona se queda"*.

En el año 2013, vimos lo que nunca hubiésemos imaginado... El Sr. Carlos Pellas (el segundo millonario del país después de la familia en el poder), haciendo fila para estrechar la mano del Presidente Inconstitucional de Nicaragua, Sr. Daniel Ortega Saavedra... **"Cosas veredes Sancho amigo" –le dijo a su escudero don Quijote en sus locuaces andanzas caballerescas-.**

El pueblo nicaragüense... no escarmienta. Tropieza con la misma piedra y cae siempre en el mismo error. Este señor proletario con aire de burgués, decidió pasar por encima de la constitución... pretende reelegirse "persécula seculorum" y perpetuarse en el poder, como quien dice *"quien tiene más galillo, traga más pinol"*.

Cabe mencionar su círculo de amistades:

Era yunta de Hugo Chávez, el tirano venezolano q.e.p.d. y pretende hacer lo mismo con Nicolás Maduro el dictador de turno en Venezuela que vive diciendo solamente sandeces en los medios de comunicación oficialistas de ese pobre país; como decimos en Nicaragua: *"Es lo peor poner a un indio a repartir chicha"*.

Es compañero solidario de Evo Morales, el "coquero" boliviano, a quien le negaron aterrizar en un país de Europa por "mal portado" y "mal hablado".

Se identifica de cerca con Rafael Correa, el "dictador" ecuatoriano disfrazado de "diplomático" –aunque dicen que los ecuatorianos están "mega-hiper-super-*happy*" por tenerlo como jerarca de turno.

Es uña y mugre de Fidel y Raúl Castro, "los genocidas cubanos", -en los ochentas llamados "los padrinos del FSLN"-.

Y guarda luto ajeno por los tiranos y sabuesos de Libia y de Irán...

Ahora su proclama es por la "Unión Bolivariana", el legado de Hugo Chávez al pueblo venezolano, quienes ya sufren los escarnios vividos por los nicas en el milenio pasado y se les aconseja tomar en cuenta el siguiente mensaje: *"Los errores de los tíranos que gobiernan nuestros países, no tienen que formar parte de nuestra lista de pecados".*

Ortega Saavedra, un nica proletario-aburguesado, que de nuevo llegó al poder, le regaló –en su carácter personal-, varios pergaminos manuscritos de Rubén Darío (tesoro nacional de Nicaragua) a Hugo Chávez, quien retribuyó "tan noble gesto" elegantemente con el "oro negro", patrimonio de los venezolanos. Lo peor del cuento es que esta bola de "comunistoides" creen que son dueños (en posesión y derecho) de los pueblos que mal gobiernan, tienen los conceptos "errados" y "los cables cruzados" y, el peor de todos los males, es que no hay quien se atreva a decirles "eso está mal", debido a que no despiertan de su letargo y a que tienen el miedo enclaustrado en sus almas. Pero me pregunto: ¿Cuánto tiempo más nuestras naciones permitirán estos abusos?

No es necesario llegar a la guerra, basta con luchar diplomáticamente y ganar las batallas desde las urnas, como lo hicieron en 1990, con observadores extranjeros como la Organización de Naciones

Unidas (ONU) para evitar un fraude. Es necesario cambiar de escena... es necesario abrir los ojos y decir: "basta ya".

Los nicaragüenses en vez de quejarse que el país está mal, deben de subirse las mangas y luchar por su propia libertad; hay muchas maneras de hacer patria. Hay muchas maneras de salir de la miseria. Tan solo hay que tener la fuerza de voluntad para darle otro rumbo a la historia.

Deben de estudiar las vías y encontrar la fórmula para que Ortega Saavedra y compañía limitada, no tengan más coartadas y no se salgan con la suya. Lo que interesa es *que este tipo no siga sembrado en la silla presidencial*.

Este *"antiguo burgués del proletariado"* y el *"señor de los chanchullos"* son compadres hablados. Siempre se reparten el pastel a su antojo y los "mensos" los secundan y les creen los espectáculos que dan con sus dimes y diretes para desviar la atención y lograr sus objetivos. ¡Pobres incautos!

Pongan a funcionar el radar de su sexto sentido, ese que avisa y que nunca se equivoca. Tengan siempre presente que aquellos que prometen mucho, son los que firman y no cumplen, echando un velo de olvido a todo lo prometido y son ellos los que alcanzan la victoria escudados en las buenas intenciones del pueblo que ansía locamente la paz y cambios positivos. Si el gobernante de turno o el que llega no sirve... pues hay que escoger a otro que si sirva.

Les aseguro que si los "nicas en el exterior" pudieran ejercer su derecho al voto como lo hacen otros países, dentro de sus consulados en Estados Unidos de América o cualquier otro país, con seguridad lo harían.

La autora de este relato, ha decidido incluir como nicaragüense, en su antología poética, *"Revelaciones de Vida en Poesía"*, este poema:

UN CUENTO DE CONTAR Y NO ACABAR

¡La Prensa!, ¡Barricada!, ¡El Nuevo Diario!...
-por las calles de Managua, gritaba el voceador-.

Una mañana cualquiera iba rumbo a mi trabajo
desde la parada de los buses expresos que salían
de Granada hasta la capital...
Esta fue mi rutina por un cuarto de siglo.

Siempre me dormía en el trayecto.
Me daba cuenta que ya habíamos llegado
cuando el cobrador anunciaba la parada
que el bus hacía en la Colonia Centroamérica.

Veía a los niños de la calle aventarse
–cuando el semáforo estaba en rojo-
a los vehículos parqueados
para limpiarles los vidrios por un peso;
otros gritaban lo que vendían...
agua helada, naranjas peladas y café negro.
Y al fondo el voceador de los periódicos:
¡La Prensa!, ¡Barricada!, ¡El Nuevo Diario!...

Las rotondas atascadas,
el tráfico de los vehículos embotellado,
el calor sofocante, el ambiente sudado,
una lluvia odiosa que aun con el sol fuerte,
desde el cielo goteaba.

Este día particular habían decidido
los transportistas
irse a huelga general por el alza al combustible;
se pueden imaginar... no había taxis,
ni rutas y por último ni vehículos
que al "raid" nos pudieran transportar,
en pocas palabras nos tocaba
emprender el rumbo...
teníamos que caminar.

¿Y los señores del gobierno?...
Bien gracias.
Dormidos en sus butacas
en la Asamblea Nacional;
sin buscar solución a los principales conflictos...

Solamente tratando de hallar el modo
de cómo jodernos más.

Ellos juegan a ser detectives y
se tiran la papa caliente
como los chavalos en la calle
jugando a "vos la andás";
esto sucede siempre... estamos en Nicaragua
el país que se disputan Ortega y Alemán.
Se escudan en los espías:
"sandineros, orteguistas y arnolderos".
Ayudan a los sinvergüenzas a hacer de la patria
"una triste dama en juego"...
Una ficha de ajedrez que ellos mueven a su antojo;
en donde el pueblo simula que él es el único rey,
más no sabe que está en la mira
telescópica de un "check"
y que de un momento a otro,
pueden darle "jaque mate".

Sin embargo, todo esto es "politiquería".
"El que tiene más galillo, traga más pinol".
Hay gente confundida en manifestación,
militares en las calles para deshacer la unión.
Así se vive en Nicaragua.
Así se vive en mi país.
Con gorilas dictadores llenándose los bolsillos
del dinero ganado por el pueblo trabajador.
Con veletas oportunistas vitoreando las consignas

para halagar al opresor.
Sin libertad de expresión, de sexo, de religión.
Con sacerdotes convenencieros
que se prestan al chanchullo en
el nombre del Señor.

¿Y cuándo creen Ustedes que
cambiará la situación?.
¡Nunca!.
El miedo del pueblo es un saldo
que viene de arrastre
y se mantendrá así "Persécula seculorum"
Porque es preferible callar
a no tener a dónde ir...
convirtiéndose en un cuento
de contar y no acabar.

¡La Prensa!, ¡Barricada!, ¡El Nuevo Diario!...
-por las calles de Managua, gritaba el voceador-.

Y aun con todo y todo tienen el descaro de seguir enfatizando su famoso lema de los ochentas (el que era el pan nuestro de cada día en varios centros de educación de los jesuitas): ***"El capitalismo es Satanás y El Redentor es la revolución".*** Pueden imaginarse como el país va de reversa en vez de avanzar con entereza. A esto se le llama "COCO WASH" o "LAVADO DE COCO".

CONCLUSIÓN

Provervios capítulo 29, versículo 2: "Cuando los justos dominan, el pueblo se alegra; más cuando domina el impío, el pueblo gime".

COMENTARIO DE LA AUTORA: Así es señores. La historia de Nicaragua sigue acumulando en sus entrañas los más cruentos cuentos, leyendas y cataclismos (cuyos personajes principales son políticos corruptos, sanguinarios, ambiciosos, avaros, en fin, todos los calificativos les quedan cortos y por ciudadanos depravados, inescrupulosos que se venden al mejor postor), lo que por lo visto será por los siglos de los siglos.

Nicaragua hoy día se ha convertido en el preámbulo de los chismes, nido de los desocupados, en un pasillo espinoso en donde nadie se atreve a "dar un paso sin zapatos".

Moraleja: Todo esto es por tu culpa, por tu culpa y por tu gran culpa. ¡DESPIERTEN!

CAPÍTULO XV

EL DESPUÉS

¡Increíble! Nadie dio por cierto la huida de Somoza y menos que dejara encajado en el poder al tal Urcuyo, a quien dicen que el Presidente norteamericano Jimmy Carter, también dio la orden de abandonar la casa presidencial y exiliarse en cualquier lugar, al igual que lo hizo con Somoza Debayle.

Hago hincapié que Jimmy Carter fue el principal artífice de que la terrible situación de Nicaragua se suscitara irremediablemente. Es notoria su simpatía por los regímenes de izquierda latinoamericanos; lo ha demostrado en las varias oportunidades en las que ha visitado Nicaragua, estrechando muy amistosamente la mano del nuevo dictador; reuniéndose con él a puertas cerradas y por último en diciembre del 2013, se fue a pasar vacaciones al país centroamericano con 36 familiares que le acompañaron y fue recibido a cuerpo de rey (no sólo por tratarse de un expresidente de los Estados Unidos de América, situación por la que cualquier país de la línea política que sea le dará protección diplomática), pues está considerado por el gobierno "danielista" como un amigo cercano a su recién instalada dictadura.

Era el **17 de Julio de 1979** (*cada año los sandinistas celebran en Nicaragua esta fecha como "el día de la alegría", porque fue el día que Anastasio Somoza Debayle abandonó el país*). Afuera se escuchaba el bullicio de las voces de la multitud. Eran los jóvenes combatientes sandinistas que levantaban sus fusiles en señal de victoria y gritaban consignas revolucionarias en aras de la paz. **"Se habían tomado Granada y la habían declarado territorio libre".**

Fue hasta entonces que muchos se atrevieron a dar una vuelta rápida por la ciudad. Las imágenes que vieron fueron las de los cadáveres hinchados (la mayoría de la "guardia nacional") a punto de explotar, un poco antes de llegar al Parque Colón, conocido como Parque Central. Cuenta Anastasia Catalina (quien se fue a curiosear) que uno de los cadáveres era el de "Chalilla".

Continúa narrando, que hubo banderas rojinegras, hombres y mujeres vestidos de verde olivo, fumando cigarrillos y con sus pesados fusiles al hombro, cantando canciones de protesta y celebrando el fin de una dictadura de casi medio siglo. La bandera rojinegra sustituyó el azul y blanco de la sábana patriótica, porque los soldados de Sandino derrocaron a Somoza. El "adelante marchemos compañeros..." (del himno de la revolución), sustituyó el "salve a ti Nicaragua en tu suelo..." de nuestro himno nacional, en todas los centros de enseñanza del país; así como las canciones a Carlos Fonseca Amador y a la chinita Arlen Siu –por nombrar algunas- tenían que ser aprendidas "sí o sí".

Como Anastasia Catalina, muchos seguramente recuerdan la letra del:

HIMNO DE LA REVOLUCIÓN

Adelante marchemos compañeros
avancemos a la revolución
nuestro pueblo es el dueño de su historia
arquitecto de su liberación.
Combatientes del Frente Sandinista
adelante que es nuestro el porvenir
rojinegra bandera nos cobija
¡Patria libre vencer o morir!
Los hijos de Sandino
ni se venden ni se rinden
luchamos contra el yankee

enemigo de la humanidad.
Adelante marchemos compañeros
avancemos a la revolución
nuestro pueblo es el dueño de su historia
arquitecto de su liberación.
Hoy el amanecer dejó de ser una tentación
mañana algún día surgirá un nuevo sol
que habrá de iluminar toda la tierra
que nos legaron los mártires y héroes
con caudalosos ríos de leche y miel.
Adelante marchemos compañeros
avancemos a la revolución
nuestro pueblo es el dueño de su historia
arquitecto de su liberación.

Imagínense ... *"luchamos contra el yanquee, enemigo de la humanidad"*. **Con esta ideología han mantenido engañados a los incautos que se dejan llevar a conveniencia por las "migajas" que reciben para tenerlos de buenas y que sigan con o sin conocimiento de causa ingenuamente apoyando a éste régimen de terror que se disfraza de bondad.**

Así mismo, recuerda **un fragmento de la canción al Comandante Carlos Fonseca Amador:**

Comandante Carlos, Carlos Fonseca,
Tayacán vencedor de la muerte
Novio de la patria roja y negra
Nicaragua entera te grita presente.

También un **fragmento de la canción a la guerrillera, conocida como "la chinita Arlen Siu":**

> Compadre guardabarranco
> Hermano de viento de canto y de luz
> Decime si en tus andanzas
> Viste una chavala llamada Arlen Siu.
> Yo vide cenzontle amigo
> A una estrella dulce en el cañaveral
> Saeta de mil colores
> De entre los rumores del matorral.

Tarareando estas canciones, el pueblo –desde el más grande hasta el más chiquito- estaba siendo vejado y engañado una vez más.

No digo que los héroes y mártires de cualquier nación no puedan tener un lugar en la historia patria de un país; la diferencia consiste en que los regímenes –principalmente los socialistas- en pro de su dinastía, someten a los ciudadanos a simpatizar con una ideología con la que no comulgan, impulsándolos a perder su personalidad con saña, sin mencionar el daño al espíritu que abrumado ya no puede encontrar esa parte íntima del alma donde se encierra el intelecto de cualquier ser humano.

Nicaragua se convirtió en el país de los parlanchines que no hablan, porque tenían lengua y boca, pero habían perdido la voz. Los "muchachos mandamases" como una vez llamaran a los guerrilleros abanderados como "sandinistas" deseaban con locura obtener a la brevedad fama, poder, popularidad, gloria y fortuna. Se encargaron de erradicar el poco amor entre hermanos y echaron a pelear dentro de un mismo costal a todas las clases sociales (sin distinción y por igual); despojaron a los más pudientes apodándoles de "burgueses", y los bienes confiscados repartieron como suyos a obreros y campesinos para ganar simpatías.

Los que comulgaban con las políticas de Somoza, no podían expresarse, se les había impuesto la "ley del bozal" y además sufrieron cárcel, persecución y en casos extremos, la muerte por "ajusticiamiento" en la plaza principal de la ciudad, frente a la Iglesia Catedral, como si hubieran tenido la alternativa de escoger para quien trabajar.

La escasa inteligencia que poseen, acompañada de su inmensa ignorancia, no les dejaba comprender que no se trataba de gusto, sino más bien de falta de alternativas, pues quien diga que en los cuarenta y cinco años de somocismo trabajó para alguien más, con seguridad, en un 90% miente.

No se hicieron esperar y salieron de su guarida los camaleones y las veletas oportunistas. Se veía venir la burla que muy pronto le harían al pueblo, una ironía peor que la que nuestros indígenas le hicieran a los colonizadores españoles con la danza del güegüense.

Implementaron el "matrimonio por las armas" y el "divorcio unilateral", quebrantando de esta manera los pocos valores sociales y morales de la población. En pocas palabras "el concubinato" llegó a ser "legal".

En el país había más población femenina que masculina, ya que la mayor parte de los hombres, estaban engrosando las filas del Ejército Popular Sandinista, Servicio Militar Obligatorio (Patriótico –decían ellos-) para los jóvenes desde los 16 años de edad y el Servicio Militar Obligatorio (Patriótico) de reserva, en donde estaban los de 40 años de edad para arriba.

Las madres se volvían locas cuando los "yipones" (nombre que le daban los nicas a los Jeep en que se movilizaban los guerrilleros) montaban a sus hijos a la fuerza (aunque estos les mostraran sus "partidas de nacimiento" demostrando que no tenían la edad para el SMP o SMO)... y algunos cuentan que les decían:

"¡Pasá! ¡Pasá! No tenés la edad pero tenés el cuerpo para aguantar el fusil".

Los gritos eran abrumadores; el llanto tempestuoso; las carreras interminables; los consultorios, los hospitales, las alcaldías, se mantenían llenos por mujeres tratando por cualquier medio de demostrar que sus hijos estaban enfermos o no tenían la edad para engrosar las filas del Servicio Militar Patriótico u Obligatorio. Quienes corrían con suerte y encontraban al oficial de turno de "buen genio", lograban salvar a sus muchachos de tan mala suerte.

Las madres desesperadas gritaban los nombres de sus hijos. Se escuchaban sus lamentos desgarradores y suplicantes... **"¡bajate de ahí hijito!"**, cuando corrían detrás de los camiones del "ejército popular sandinista" que trasladaban a los pobres chavalos ("con cara de suplicio"), que iban a ser entrenados, para luego servir de "carne de cañón" en el frente de batalla. Quienes se salvaron en la extensión de la palabra fueron los "homosexuales" pues creían que no era conveniente tenerlos en las filas como soldados.

Además de eso, continuamente se recibían de 5 a 10 jóvenes muertos. Sus cadáveres o lo que había quedado de ellos, iban en bolsas negras plásticas especiales. Por las calles, los camiones verde olivo que los trasladaban, eran estacionados en la Plaza de Xalteva, donde estaban ubicadas las instalaciones del famoso batallón "8011", para el descargue correspondiente. Luego, metían los cuerpos en cajas "selladas" que eran cubiertas con la bandera "roja y negra" de la revolución y las montaban de nuevo a los vehículos e iban a hacer la entrega correspondiente a sus familiares sin permitirles abrirlas para ver los cadáveres y darles el último adiós. Vean ustedes ¡cuánta crueldad!

El sobrino de Raúl, hijo de su hermano de Masaya, le fue entregado a su padre en tales circunstancias en "la ciudad de las flores". Aparte le fueron dadas las pertenencias de su hijo: su gorra, su placa de identificación, su billetera, etc. El pobre hombre se sumergió por completo en el alcohol, en una farra de meses. Al año, como pago por la vida de su hijo, le regalaron una casita y un terreno, pues le dijeron que él pasaba a formar parte de los "héroes y mártires de la revolución" y que ya era "de los muertos que nunca mueren".

La población, el país completo está cargando con un karma de siglos y los tiene **"jugados de Cegua"** porque padecen de AMNESIA o no quieren recordar.

Las casas de las ciudades de Nicaragua, son muy antiguas y las de Granada, no son la excepción.

Algunas de ellas tienen nichos que difícilmente pueden ser descubiertos. Los pocos mal llamados "burgueses" que aún quedaban en la ciudad, formaron un "Comité de Salvación" para sus jóvenes hijos y cuando pasaba la "cuadrilla de reclutadores" con las listas que los **"cedecistas"** les proporcionaban con los nombres de los chavalos que no se habían presentado, pues estos estaban en sus guaridas, debidamente equipados. Se los tragaba la tierra. Luego se las ingeniaron para sacar hacia Costa Rica -por el fronterizo poblado de Colón, en el departamento de Rivas- a los muchachos, exponiéndolos en "pangas" a cruzar el bravo oleaje del gran lago Cocibolca.

El homosexualismo se disparó (tanto en hombres como en mujeres). Además la población femenina que no optó por esto, se decidieron a "consumir" los "MEN MADE IN CUBA" u "HOMBRES HECHOS EN CUBA", los que estaban disgregados por toda la nación como un pacto de solidaridad entre Nicaragua y Cuba.

Hubo miles de mujeres embarazadas por cubanos, cuyos hijos no conocieron a sus padres porque estos debían de regresar a su país en cuanto terminaran su misión solidaria en el país y algunos hasta estaban casados por allá. ¡Cuánta barbaridad!

También obligaban a los estudiantes a ir a los "cortes" de café y algodón para asegurar su cupo en la universidad.

Para no ser tan cruel, lo único regular que se puede mencionar como una "gran hazaña" de su parte, fue que formaron el "Ejército Popular de Alfabetización" o EPA por sus siglas. La mayoría de sus miembros eran jóvenes estudiantes que, obligados a asistir a talleres pedagógicos (de lo contrario perderían la oportunidad de contar con educación), fungían como profesores en las jornadas de enseñanza a los campesinos de todas las edades: niños, adultos y adultos mayores; lo que dejó al país con apenas el 1% de la población sin aprender aunque sea a escribir y leer su propio nombre; y esto tenía también un objetivo: "Más votantes". Como diría el personaje mexicano Chespirito: *"No contaban con mi astucia"*.

CONCLUSIÓN

Proverbios capítulo 29, versículo 8: "Los hombres escarnecedores ponen la ciudad en llamas; más los sabios apartan la ira".

Proverbios capítulo 29, versículo 12: "Si un gobernante atiende la palabra mentirosa, todos sus servidores serán impíos".

Proverbios capítulo 29, versículo 18: "Sin profecía el pueblo se desenfrena, más el que guarda la ley es bienaventurado".

COMENTARIO DE LA AUTORA: La idiosincrasia del "nica" es la de vivir en armonía y trabajar decentemente para ganarse el pan en paz.

Moraleja: No hay peor maldición para un pueblo que ser victimizado por regímenes crueles y dictadores dementes. No olvidemos a Hitler y el holocausto.

CAPÍTULO XVI
EL ENSAÑAMIENTO

Retrocedo ahora a los fragmentos de la historia de Margarita María Fernández Martínez y su esposo Pancracio Amador Suárez, el dueño de la Tipografía SAN PABLO Y SAN PEDRO.

Después de unos meses de la muerte de don Pancracio, les conté que Margarita María rehízo su vida con un trabajador del negocio de su esposo y se mudó un poco después del triunfo de la "Revolución Popular Sandinista" a Costa Rica, pasando sus hijos a vivir con sus abuelos maternos, quienes se hicieron cargo de los 4 y de la administración de la famosa imprenta.

Volviendo al 17 de Julio de 1979, el hijo mayor del matrimonio Amador Fernández, o sea Pancracio Rafael –q.e.p.d.-, uno de los herederos de todos los bienes de la pareja, decidió echar preso a su abuelo Hernán Augusto, acusándolo de haberse robado la imprenta y que como su mamá no estaba viviendo en el país, debían de aplicarle a ella como "albacea universal", la *"LEY DE AUSENCIA" (la que consistía en confiscar a todo aquel nicaragüense que no estuviera viviendo en el país, todos los bienes materiales de los que fuese poseedor)*. De esta manera, él pensó en adueñarse del patrimonio que le pertenecía –como herencia de su padre- a él y sus hermanos.

El abuelo Hernán Augusto, a pesar que su hija se había mudado a Costa Rica con su nueva pareja y dejado "al garete" el negocio, estaba haciendo producir la imprenta (igual como cuando su yerno Pancracio vivía), por lo menos para pagar las deudas contraídas por su yerno para montar el negocio y para que sus cuatro nietos estudiaran aunque fuera una carrera técnica, lo que al final no lograron, porque no se bachilleraron y no porque no tuvieran para hacerlo, simplemente "no quisieron".

Es increíble que aquellos que tienen los medios para ser o hacer algo en la vida, no logren ni lo uno ni lo otro porque no quieren tomarse el tiempo de estudiar, de sacrificarse y disciplinarse. Creen, desean y piensan que el maná les va a caer del cielo por arte de magia. Por eso es que no hay que proporcionarles a los hijos las cosas materiales fácilmente, hay que enseñarles que todo en la vida es a base de esfuerzo e inducirlos a valorar los frutos del esfuerzo del trabajo digno y honrado. Demostrarles con hechos, que lo que la vida te regresa por ese esfuerzo es un mérito más que bien ganado y viceversa.

Don Hernán Augusto estaba tratando de balancear el presupuesto que se les había aumentado con la responsabilidad de ellos en su casa, sin madre y sin padre que velara por su bienestar.

Resulta que Pancracio hijo no quería estudiar y menos trabajar en la imprenta para hacer crecer el negocio, lo que anhelaba solamente eran las ganancias, pero como no podía meter manos en ella, se mantenía en un descontento total, porque no tenía dinero para irse a jugar dados y ruleta. En ningún momento pensó en sus hermanos y para desquitarse de su abuelo, aprovechó la oportunidad y lo acusó del robo de la imprenta ante las nuevas autoridades.

Los bandoleros que ya se habían tomado la ciudad, encontraron el pretexto perfecto para llevárselo preso.

Anastasia Catalina recuerda como entraron para apresarlo en su casa de habitación. Era una pedantería insospechada, eran como perros sabuesos y rabiosos. Aún guarda en la memoria: Sus rostros, el olor a sudor de varios días impregnado en sus uniformes verde olivo, sus pañoletas roji-negras en el cuello, sus sombreritos "pintos", sus botas sucias llenas de lodo, sus voces soeces y sus nombres.

Para peor de todos los males, eran hijos de supuestos amigos y conocidos de años de la familia-, sin embargo, es irrelevante ensuciarse la boca con nombrarlos, pues cada uno de ellos ya obtuvo su medio vuelto; aunque algunos de estos fulanos ahora gozan de las "maravillas del imperialismo norteamericano", dizque porque no tuvieron otra alternativa más que venirse a rodar por unos cuántos dolaritos a la tierra prometida del querido tío Sam, porque hay que ser francos: *"quien habla de las peras, comérselas quiere".*

Se pudiera pensar que hay personas que sangran abundantemente por la herida... pues es algo así. Todo lo que huele a comunismo o socialismo simplemente... "huele mal, está podrido". Don Hernán Augusto fue "somocista" y nunca lo negó. Sufrió persecución, confiscaciones, encarcelamiento, tortura psicológica, hambre y pobreza. Su familia puede enorgullecerse al decir que a pesar de todo *"siempre las tuvo bien puestas".*

De esa denuncia de Pancracio hijo, se agarraron los **"piricuacos"** (este término se utilizaba entre la población de la época y todavía se escucha a uno que otro ciudadano hacer referencia a ello para abreviar la frase de **"perros sedientos de sangre"**), para achacarle más delitos en contra. Lo tildaron de "somocista" –lo que sin duda alguna, no le dolió, ni lo negó-; quisieron encontrarle pruebas de robo cuando fue tesorero de la municipalidad y no lo consiguieron; quisieron fabricarle pruebas de la nada, pero bien dice el refrán: **"quien nada debe, nada teme"**. Sufrió cárcel durante seis meses, tiempo que los miembros de la familia, principalmente Candelaria Estefanía y las hijas de Raúl Cáceres Ubau, se turnaban para llevarle el desayuno, el almuerzo y la cena, con sol o con lluvia.

Doña Emelina Estebana tuvo que vender todas sus joyas y demás pertenencias de valor de la familia. Todos sus valores materiales se fueron por el tubo. Se perdieron las amistades y los círculos sociales, los que también se fugaron por la tangente. Los amigos de la familia se habían ido para Estados Unidos y Costa Rica y los pocos conocidos (a quienes en varias oportunidades les habían tendido la mano), ahora los desconocían.

Los sandinistas *confiscaron la hacienda de Ochomogo y la repartieron entre las cooperativas campesinas. Permutaron (cambiaron con otras propiedades) la Quinta de Diriomo con un algodonero matagalpino "efe-ese-ele-nista" y no confiscaron la casa familiar porque milagrosamente estaba a nombre de ella.*

Les congelaron las cuentas bancarias y para cerrar con broche de oro, la imprenta que dijo Pancracio hijo que se había robado el abuelo, se vino a pique, porque él no se pudo hacer cargo de ella y preso su abuelo, no había quien la trabajara más. Además, su padre antes de morir había contraído una deuda (hipoteca) con el Banco Nacional de Desarrollo y llegaron a confiscar las maquinarias y otros activos fijos propiedad del ya famoso negocio para saldarla.

La **moraleja** para Pancracio hijo -si viviera- sería: *"nunca acuses en vano a un inocente por sospechas infundadas en tu propia desconfianza, sobre todo si te está ayudando a salir adelante y no tienes pruebas en su contra; más bien únetele y juntos salgan adelante, sin egoísmos ni subterfugios".*

Candelaria Estefanía, la hija menor de don Hernán y doña Emelina, era fiel devota de san Miguel arcángel y lo tenía sordo. El libro de oraciones al arcángel Miguel, decía que se le debían de hacer 21 lunes seguidos para conseguir alguna gracia, pero ella le pasó rezando y pidiendo todos los días que duró la estadía de su padre tras las rejas.

El encarcelamiento de su papá, fue un suplicio total, un día de tantos, llegó a oídos de Candelaria Estefanía, que andaba circulando una lista de futuros fusilamientos, en la que figuraba su nombre.

Quien la tenía, era un tal comandante Romeo Loredo, nieto de un gran amigo de don Hernán. Candelaria Estefanía se hizo acompañar de su hija Anastasia y juntas fueron hasta la casa de este señor, a hacerle una amplia exposición de motivos. Él se conmovió de tal manera que abordó a su nieto en el despacho y abogó por don Hernán y así fue excluido de la "lista negra".

Cuando esto pasó y obtuvieron la autorización y la palabra de Loredo, emprendieron el camino hacia la cárcel de La Pólvora, en donde "el compa" de turno les dijo que lo habían trasladado a la prisión de mujeres, porque ya no había más espacio para los presos allá. Se pueden dar una idea de cómo abarrotaron las prisiones de "burgueses, somocistas, vende patrias, etc." O sea, prácticamente el 80% de los granadinos estaban guardados en las mazmorras. Y lo mismo pasaba en cada uno de los 36 departamentos que forman geográficamente el país.

En ese momento salieron para la cárcel de mujeres, en donde las tuvieron esperando en línea cerca de dos horas. Al fin llegó su turno en la fila –que era de cuadras- y cuando entregaron la comida que llevaban para él, le pidieron de favor al "compa" de la puerta que le entregara un papelito al abuelo y que se los regresara con su firma y algo escrito. El hombre tardó en salir cerca de media hora más, pero trajo el papel firmado por don Hernán Augusto. Anastasia y su madre se sintieron más tranquilas cuando reconocieron su letra, que en una sola línea decía: *"Estoy bien hasta el momento. Los quiero"* y su firma.

El abuelo compartió celda, con personajes conocidos de la ciudad. Unas semanas después supieron *"por bolas que circulaban entre la población"* que *"los compas iban a hacer un fusilamiento masivo en la hacienda Los Malacos"* en Granada.

Se dice que abrieron una fosa común con un diámetro y/o radio aproximado a una manzana de tierra y que ahí quedaron enterrados de 100 a 150 reos considerados como políticos (ahí había de todo: somocistas, burgueses, vende patria, orejas, manos blancas, y hasta inocentes).

Se cuenta que uno de los reos fue Coronado Urbina, por haber sido "Coronel de la Guardia

Nacional de Somoza y Director de la cárcel de La Pólvora". Algunos testigos oculares afirmaron en esa época que a él y otros los dejaron ir –después que los fusilaron- en el cráter del volcán Santiago, conocido como volcán Masaya.

El 21 de Enero de 1980 soltaron a Don Hernán (6 meses y 4 días después). La situación económica era caótica. Después de tenerlo todo, estaban sumidos en la pobreza total. El gran don Hernán Augusto Fernández Fernández ya estaba hecho un señor mayor como para que buscara o consiguiera trabajo fácil después de haber sufrido cárcel, tortura, hambre y desvelo y, además, que ser tildado de "somocista" en ese entonces, era un delito grave, cuando el poder del todo y de la nada estaba en manos de sus "verdugos".

Todavía la familia da gracias a Dios que no lo "ajusticiaron" en la plaza pública como pasó con muchos simpatizantes de Somoza. Pudieron ver cómo mueve Dios los hilos de la vida de cada uno. No en balde la cumiche de sus hijas, le hizo tantos rezos a san Miguel arcángel. ¡La fe te valga!

Una vez fuera de la cárcel, comentó cada anécdota... Como que desde las 6 de la tarde apagaban las luces y que cada semana como a la una de la mañana, llegaban y llamaban a algunos presos y les decían *"alístate que vas para*

Honduras".... Eso significaba: *"hoy te morís"*. Los presos, se despedían de sus compañeros de celda, y a media luz o casi a obscuras, tomaban un lápiz y en un trozo de papel higiénico o servilleta, con "cacaraños" dejaban mensajes escritos para sus familias, seguros de que ya no retornarían.

CONCLUSIÓN

Proverbios capítulo 29, versículo 10: "Los hombres sanguinarios aborrecen al perfecto, más los rectos buscan el contentamiento".

Proverbios capítulo 29, versículo 16: "Cuando los impíos son muchos, mucha es la transgresión; más los justos verán la ruina de ellos".

Proverbios capítulo 30, versículo 12: "Hay generación limpia en su propia opinión, si bien no se ha limpiado de su inmundicia".

COMENTARIO DE LA AUTORA: Da pena narrar todo esto; pero es lo que sufrieron todas las familias de los diferentes pueblos, comarcas y ciudades de Nicaragua, quienes por falta de recursos o simplemente por amor al terruño que los vio nacer, decidieron padecer en la tierra donde enterraron sus ombligos.

CAPÍTULO XVII

SALIENDO DEL HOYO

Para no caer en la depresión que ya le estaba rondando, don Hernán Augusto comenzó a buscar qué hacer. Para comenzar, indagó lo que realmente había pasado con la tipografía de su hija Margarita María.

Resulta que, su difunto yerno, había contraído una deuda grande con el Banco Nacional de Desarrollo y los **"sandineros"** –como les llamaba don Enrique Bolaños-, al ver que el barco no tenía capitán, vinieron y simplemente confiscaron todas las máquinas y demás que tenía la imprenta como activos fijos, cuyo costo real, superaba en una cantidad considerable la deuda contraída en vida por el señor Amador.

Comenzó entonces una demanda legal al banco, por el dinero que se habían cargado después de pagarse la deuda. Suma atractiva para quien había perdido todo y tenía que recomenzar de ceros. Para continuar con el proceso de recuperación del remanente, se necesitaba dinero, dedicación, paciencia y tiempo.

Candelaria Estefanía Fernández Martínez, su hija menor, para ese entonces había conseguido una visa múltiple americana y se iba por temporadas largas a Estados Unidos de América (a casa de doña Vilma, hermana de su madre quien residía en California) a trabajar y era ella la que le mandaba para el pago de los honorarios profesionales del abogado, para los viáticos por las gestiones que tuviera que hacer en los juzgados de Managua, para que recuperara parte o la totalidad de ese capital. De igual manera, también les colaboraba con algo de dinero para su manutención.

Se llevó más de 10 años para que comenzara el banco a pagar en cuotas el dinero con el que se había quedado. Eso ayudó de nuevo a estabilizar su economía, así como la de la viuda de Amador Suárez (que ya había regresado de Costa Rica y a quien le puso un certificado en dólares a plazo fijo).

Lo primero que hizo don Augusto en beneficio propio y después de tanta lucha legal, fue dar a reparar todo el tejado de la casa, pues no había un solo espacio en el que no se colara el agua cuando llovía. Abrió de nuevo cuentas en moneda nacional y extranjera en el banco, pero todas estaban esta vez a nombre de su esposa (ya había aprendido la lección) aunque no estaban los sandinistas, ahora era doña Violeta Barrios de Chamorro (viuda del "mártir de las libertades públicas", Pedro Joaquín Chamorro Cardenal) en el poder, aun con todo y eso, era mejor prevenir que lamentar.

Luego, cuando ya agarraron oxígeno y Candelaria Estefanía comenzó a viajar con más regularidad, la vida les volvió a sonreír económicamente, compró un carrito marca Hyundai para salir a pasear los dos con un chofer de planta... volvieron de nuevo a recuperar su estatus en la sociedad, al que estaban acostumbrados desde siempre, pero ahora la salud ya se había deteriorado un poco más y los años les estaban comenzando a pesar.

CONCLUSIÓN

Proverbios capítulo 31, versículos 8 y 9: "Abre tu boca por el mundo, en el juicio de todos los desvalidos. Abre tu boca, juzga con justicia y defiende la causa del pobre y del menesteroso".

Moraleja: "No hay mal que dure cien años ni "pueblo" que lo resista".

CAPÍTULO XVIII

LA PARTIDA

Como les dije anteriormente, la salud del anciano matrimonio se estaba deteriorando y los años ya les estaban pesando.

Él creía mucho en Dios, a pesar de no asistir a la iglesia. A veces decía: *"si existe el bien, existe el mal"*. Se inclinaba de vez en cuando y daba el beneficio de la duda a los esotéricos que por allá lo visitaban. Nunca se cayó para quedarse en el suelo. Siempre se levantó rápidamente y volvía a recomenzar.

Murió en poder de su bisnieto Juan Eduardo, hijo de Anastasia Catalina, de un ataque al corazón en Mayo del 2002, en el Hospital Privado Cocibolca de la ciudad de Granada. Fue una noche desolada y lúgubre en la extensión de la palabra, era como si lograran percibir la presencia inusual de la muerte.

Antes de convencerle para llevarlo al hospital, decía: *"si me voy a morir, quiero hacerlo en mi casa... ¡Emelina, no permitás que me lleven a ninguna parte!"*.

Sin embargo, se veía deshidratado. Cuando su nieta llegó con ellos al hospital, con ansiedad pedía agua y agua y más agua. Su esposa se veía cansada. Entonces su nieta le dijo *"si desea le voy a dejar a la casa para que descanse, mientras Juan Eduardo se queda aquí con él y yo regreso para acá después"*, y así fue.

Tan solamente fueron trece minutos en ir y volver. Cuando la joven estuvo de regreso en el hospital, encontró a Juan Eduardo (de 12 años) afligido y a continuación le dijo: *"Mamá, al papi le acaban de poner los aparatos resucitadores y tienen rato de estar adentro con él"*.

Desesperada, rompió todas las normas de control del hospital y entró sin permiso a la pieza donde estaban tratando de volverlo a la vida, pero solamente escuchó las siguientes palabras: *"Lo sentimos mucho. Hicimos todo lo posible, pero nos ha dejado"*.

En un acto de desesperación total, ella le tocaba las manos, le sobaba la cabeza, lo llamaba por su nombre, pero todo era en vano. Don Hernán

Augusto ya no le contestó más. Fueron momentos duros. Se tomó un tranquilizante, hizo los arreglos con el forense, tomó a Juan Eduardo –su hijo- que se portó como todo un hombrecito y, en el carro del abuelo, salieron a dar la noticia a doña Emelina Estebana y a sus tíos.

Pueden imaginarse. Eran la una de la mañana y en ese momento a buscar a la "barata" (una camioneta con un megáfono que sale por las calles de la ciudad dando anuncios de todo tipo), a la funeraria, a llamar por teléfono a medio mundo y a preparar la casa para la vela. Al día siguiente, ir a la alcaldía para arreglar lo de la bóveda y demás tareas que se tenían que cumplir para darle cristiana sepultura.

Solamente se veló un día. Sus honras fúnebres no fueron muy concurridas... a como él mismo decía: *"dime cuánto tienes y cuánto das y te diré cuánto vales"*. Ahí quedó demostrado lo anterior.

Su viuda, una señora fuerte como un roble, no resistió en un momento dado y aunque no quería llorar, terminó haciéndolo. Se veía desprotegida, sin el respaldo del hombre que compartió con ella: alegrías, dolores, penas, salud, enfermedad, etc., durante los 68 años que vivieron juntos.

Candelaria Estefanía, no pudo estar presente en su sepelio porque no encontró vuelo disponible a lo inmediato de Los Ángeles para Managua. Llegó 4 días después.

La abuela al verse sola se sintió desamparada, confiando en su nieta Anastasia, todo lo relacionado a los asuntos legales referidos al testamento y a los bienes confiscados y permutados que debían de recuperarse demandando al gobierno nicaragüense de turno, estos eran: **La hacienda *de Ochomogo, Rivas y la eliminación de la permuta de la quinta en Diriomo.***

Les participo que la abogada que su nieta contrató, logró sacar de las 235 manzanas de la hacienda de Ochomogo, 85 manzanas libres de gravamen, listas para venderse en el mercado caliente.

Anastasia Catalina visitó -acompañando a la abogada- en 3 ocasiones (después de la muerte de su abuelo) la hacienda y recordó aquel viaje que hicieran cuando era niña con su tío Pancracio, en donde sus ojos no daban abasto para abarcar tanta tierra junta.

Cuando se lograron recuperar las 85 manzanas de Ochomogo, el valor de cada una era de $800.00

dólares americanos. Apareció un comprador para el total de las tierras, como a los 3 meses, pero por la intervención del tío Efesio Cristóbal, no se vendieron, pues le pareció poquísima la suma $1,000.00 por manzana ofrecida por el comprador, quedándose las tierras inamovibles por un buen rato. ¡Lo que hace la avaricia!

En cuanto a la quinta de Diriomo, estuvo difícil eliminar la permuta, pues los documentos fueron enviados en una fecha en que ya todo reclamo había caducado, en pocas palabras *"se la robaron los piricuacos"* al igual que las restantes 150 manzanas de la hacienda en Ochomogo, Rivas, las que supuestamente iban a "indemnizar" con "bonos del tesoro" y aun siguen en manos de las cooperativas sandinistas.

En Junio del 2003, Anastasia contrajo nupcias por segunda vez con su actual esposo, Antonio Hoffman y ya no pudo seguir apoyando a su abuelita en sus menesteres legales, pero le dejó bien recomendada y con todos los papeles en orden para continuar los procesos de recuperación de sus bienes.

CONCLUSIÓN

Proverbios capítulo 28, versículo 21: "Hacer acepción de personas no es bueno; hasta por un bocado de pan prevaricará el hombre".

Moraleja: Hay que luchar y no desfallecer por lo justo y por lo que nos cuesta con sacrificio obtener.

CAPÍTULO XIX

DOÑA EMELINA ESTEBANA MARTÍNEZ SUAZO VIUDA DE FERNÁNDEZ

La abuela tenía en casa una persona de su absoluta confianza que la acompañaba permanentemente a dormir y le ayudaba a mantener limpia y en orden la casa. Su nombre es Sonia. Siempre fue leal y fiel a su patrona.

De repente Anastasia se enteró que su viejita se estaba mudando a vivir con su tío Efesio y que estaba desocupando su casa de tantos años porque ya Sonia no podía seguir acompañándola todo el tiempo. Imagínense ustedes, fue a parar a la casa de una de las nueras que nunca aceptó. Aquí se pueden comprobar las ironías de la vida... ¡qué jugarreta más sucia!

Repartió todas sus pertenencias entre los hijos que estaban vivos: Margarita, Efesio y Candelaria.

A Efesio le entregó la mayor parte de sus muebles; a la hija mayor, parte de sus joyas valoradas en miles de dólares (oro macizo amarillo y blanco de 24 quilates, con piedras genuinas como: diamantes, esmeraldas, perlas y rubíes y otras prendas de plata de .990; lo que le dejó a "su cumiche", se darán cuenta, más adelante) y ella se quedó con sus cuentas bancarias en dólares y córdobas que don Hernán le había dejado, recordando la mayor parte del tiempo lo que solía decirle: *"No te tratan bien cuando sos una vieja pelada, mientras que sí tenés plata, te sobran manos y amor eterno; ahí sos suegrita, abuelita, mamita... en fin, todos los calificativos terminados en "ita" por la platita".*

Recuerda Anastasia, que el abuelo siempre le decía a su esposa: *"Acordate Emelina, ese dinerito que está en el banco es para que el día que ya no esté con vos, no le andés viendo caras a nadie, ni a tus hijos... recordá que los hijos tienen padres, pero, los padres no tienen hijos".*

Así se expresó una vez que ninguno de ellos se había acordado en una semana de llegarlos a visitar, le dijo: *"Ajá hija... fíjate que me he desvelado pensando ¿para qué sirven los hijos?, y he llegado a la triste conclusión que para nada. Más bien deduzco que no tener hijos, es una felíz desgracia... Para más vos que sos la nieta, venís por aquí cada fín de semana a ver sí se nos ofrece algo y los desagradecidos que engendramos "brillan por su ausencia".*

Doña Emelina Estebana, le heredó en vida la casa familiar a Candelaria porque los dos acordaron que esa iba a ser su herencia, ya que ella había sido una hija ejemplar por toda la ayuda que les había brindado cuando más lo necesitaron. Aunque le hubo puesto la condición de "usufructo", o sea que ella no la podía vender, sin la firma de su madre.

Después de esa decisión, ¡comenzaron los problemas y las inconformidades! Sus otros dos hijos (Margarita María y Efesio) decían que la casa debió haberse vendido y repartido el dinero en tres partes iguales. Y comenzaron a cuestionar a la viejita, haciéndole la vida imposible con tantas preguntas, a cada momento.

Candelaria, tiene un gran defecto y es que es una "gastadora compulsiva". En un descuido llegó a visitar a su madre cuando su hermana no estaba y con engaños la hizo firmar un papel en blanco (delante de Sonia, la acompañante de la viejita quien afirma que así sucedió todo)...

Luego de varios meses, llegó a oídos de la señora que su hija había vendido la casa familiar o mejor dicho la empeñó hasta que la perdió en manos de un usurero en Granada. Vemos que es mejor no almacenar riquezas acá abajo, mejor es acumularlas allá arriba... acá cabe el refrán: **"lo que no nos cuesta, hagámoslo fiesta"**.

Cuando doña Emelina se dio cuenta no le dijo nada. Como dicen sus otros hijos, *"ella siempre le disculpa los errores"* pero ella, que siempre fue muy práctica... dijo: **"de nada sirve llorar sobre la leche derramada"**. En fin, **"cada quien con su cada cual y cada cual orina en su huacal"**.

Después, la viejita cometió otro error, no se sabe si lo hizo con conocimiento de causa; estando siempre Sonia la acompañante de su madre como testigo, le dio a guardar el maletín en donde estaba la libertad de gravamen de las 85 manzanas de la hacienda de Ochomogo y lueguito aparecieron vendidas en Febrero del 2006 las 85 manzanas que se lograron recuperar.

La cosa es que Candelaria niega que ella haya hecho algo con las manzanas disponibles de la hacienda de Rivas y aunque sus hermanos por falta de recursos, no han podido demostrar los hechos legalmente, todo la señala. Aunque **"sin pruebas no hay delito"** o bien **"a las pruebas me** *remito"*, pero de fuente fidedigna hay quienes aseguran que las 85 manzanas libres de gravamen de esta hacienda, fueron vendidas en Febrero del 2006 y además se menciona claramente quién vendió y quién compró, así como quién ayudó para hacer el "fraude", en donde dicen que está involucrado el nombre de Candelaria Estefanía hasta el cuello. Dicen además que el precio en que vendieron cada manzana es un 37% menor a su valor real.

Vean como se fue "en un santi-amén" todo el esfuerzo y el trabajo honrado de don Hernán Augusto, quien pensando en su familia adquirió las propiedades para que ellos no pasaran penurias y siempre tuvieran de donde asistirse para sobrevivir.

Algunos miembros de la familia opinan que es mejor dejar tapada la olla, no sea que al destaparla el agua caliente pringue a quienes menos imaginamos.

Después de cierto tiempo, la señora pasó a vivir con su hija mayor, donde estuvo muy bien cuidada, aunque vale la pena decir que la anciana siempre pagó por los servicios prestados y su alimentación en cada una de las casas de los hijos por donde pasó hospedándose.

Se puede asegurar que doña Emelina Estebana siempre quiso vivir con su hija menor.

Al fin su hija Candelaria se la llevó a su casa y como ella tenía que estar viajando a Estados Unidos – desconozco los pormenores-, un día de tantos hizo un viaje y al final de cuentas la señora terminó sus últimos días en manos desconocidas... en manos de los sirvientes que estaban a su cuidado, el 7 de Octubre del 2010, a los 89 años.

Hago hincapié para recordar que en la vela de don Hernán, ella dijo a varios de los asistentes: ***"Lo más que me queda de vida a mí son 8 años, así que pronto nos veremos y estaremos juntos de nuevo".*** Y cabal, su cálculo fue exacto, pues cuando su esposo falleció ella ya había cumplido 81 años.

Los hermanos vivos (hijos de don Hernán y doña Emelina), viven en un constante distanciamiento, pleito, inconformidad, enemistad, en fin, por último ni llegaron a la vela, ni al entierro de la señora, dizque porque Candelaria les puso una orden de alejamiento policial para que no se acercaran ni a la acera de la casa, ni al hospital... Imagínense hasta donde llevaron las cosas.

La fama que tiene Candelaria es de pleitista y mentirosa, pero **"el que esté libre de culpas, que**

lance la primera piedra"; y eso no era excusa para no presentarse al velatorio ni al sepelio de su madre. Tampoco se les está juzgando, simplemente es una crítica constructiva.

Estos hermanos, solamente han servido para encontrar paja en los ojos de Candelaria, sin medir el tronco que anida en los ojos de ellos. Sin el ánimo de defender a nadie, ni de molestar a ninguno con estos comentarios, es necesario que hagan remembranza de cuánto les estuvo ayudando, pues cada vez que llegaba a Nicaragua desde los Estados Unidos, iba hasta con 8 bultos enormes conteniendo: ropa, zapatos, calaches y chucherías; con decirles que hasta comida seca iba en ellos para meses, como si tuviera un batallón que alimentar. Todo esto para sus padres, sus hermanos y sobrinos.

A su hija Anastasia y a su nieto, nunca les dio las cantidades de cosas como se las repartía al resto. Si acaso, la llamaba para que escogiera entre lo que había quedado, cosas que a ellos ya no les interesaban... "las sobras". Sin embargo, su hija nunca fue a formar parte de ese circo.

Hay un refrán que dice: ***"así paga el diablo a quien bien le sirve"***. Ellos ahora no reconocen eso y la han difamado como han querido. María Reinalda –la hija mayor de su hermana Margarita María- por ejemplo, ha ofrecido dos veces **"arrastrarla por las calles de Granada para darle una lección"**, cuando ella fue una de las principales beneficiadas, pues amén de que le traía muchas cosas de sus viajes, le montó con excelentes muebles y demás accesorios, una casa en San Marcos, Carazo, para que viviera decentemente, a como le habían acostumbrado y no de la manera tan paupérrima en la que le había hecho caer la vida por su mala cabeza.

En algún momento dado, Anastasia le puso mucha atención a todos los comentarios malintencionados de su tía Margarita María – principalmente- y sus hijos, quienes le hacían todo tipo de comentarios mal intencionados acerca de su madre y comenzó a ser juez y parte, sin tener la certeza de las cosas, situación de la que se arrepiente enormemente al ver cuán equivocada estaba en un 65%.

Gracias a Dios puede decir que por su buen discernimiento, llegó a la siguiente conclusión: *"Hey, hacé un alto. Si tu abuela le dio a tu mamá la casa en vida y decidió entregarle sus cuentas bancarias, es porque ella sembró y trilló el camino con su sudor y los apoyó desinteresadamente cuando lo necesitaron, motivo por el cual el cielo le está retribuyendo por todo su esfuerzo y por haberlos honrado como manda el Señor... EN VIDA, HERMANO, EN VIDA. No tenés que juzgarla, lo que le dejaron tus abuelos es de ella y no tuyo, por lo tanto, puede hacer con ello lo que le venga en gana".*

Aunque es vergonzoso contar todo esto, hay algo en su interior que le dice que hay que descobijar a veces ante la sociedad y resto de la familia, la suciedad del entorno para limpiarnos de malas vibraciones y no cargar con culpas, ni caer en bla, bla, bla.

Candelaria llegó dos días después de muerta su madre y hasta que arribó se realizaron las honras fúnebres.

Recuerda su hija mayor, que doña Emelina le vivía diciendo: *"Candelaria no vio morir a su papá y por lo visto a mí tampoco me va a ver morir, porque vive en esa viajadera perenne"*... Palabras proféticas, así fue.

Dicen los vecinos que la concurrencia a su vela y a su entierro fue muy pobre, igual que la del abuelo. Casi no había gente acompañándola. Sin embargo, los mariachis la acompañaron desde la casa hasta la iglesia y de la iglesia a su morada final.

En asuntos de herencias, siempre hay desacuerdos cuando las cosas no se arreglan u ordenan legalmente antes de la partida sin retorno. Así cada quien recibiría lo que quisieron dejarles los fallecidos y se evitarían pleitos y desuniones, pues a la hora de la repartición, todos esperan aunque sea un alfiler... Bien dice el refrán: *"Para quién trabaja el obrero, para que lo goce el heredero".*

La viejita fue sincera en sus convicciones. Siempre dijo que ella era católica, apostólica y romana de nacimiento, pero que prefería hacer sus oraciones en su casa que "ser cucaracha de iglesia", porque los que llegan frecuentemente "dizque a alabar a Dios" y que se hacen llamar fieles devotos y buenos cristianos, no son más que "grandes críticos del prójimo", personas que "ni viven, ni dejan vivir".

A ella se le veía en el templo, solamente en asuntos en los que no tenía excusa, en situaciones ineludibles, como por ejemplo en las honras fúnebres de alguien, un bautizo, un matrimonio o una primera comunión.

Al contrario de su esposo, fue una mujer escéptica. Aunque su esposo en varias ocasiones le afirmaba que Candelaria tenía dones sobre naturales, ella le decía: *"¡andás creyendo vos en santos que orinan!".*

También fue muy clara cuando les decía a los hijos: *"Los únicos herederos de lo que yo tengo son ustedes que son mis hijos. Nada que ver tienen aquí los nietos. Si ya ustedes quieren más adelante dejarle algo a sus hijos, ya es su problema".*

Sin embargo, cuando murió, todo el mundo quiso agarrar su "tajada" de lo poco que había sobrado, pero no pudieron repartirse el pastel a su gusto y antojo. Están dolidos aun, porque no se pudieron ir arriba con todo el festín, ni hacer la "charangachanga" que habían planeado para tal ocasión, ya que nombró beneficiaria de sus cuentas bancarias en dólares y en córdobas a Candelaria.

Una vez en vida, por teléfono, la abuela le dijo textualmente a su nieta: *"En confianza Tachita (diminutivo de Anastasia)... he escuchado por ahí, que hasta el yerno de la Margarita María, el "churepo" (el tipo a quien se refería, tiene un defecto en los labios), está haciendo planes con Juan Jesús, con lo que supuestamente le va caer a su suegra y escuché que estos dos arribistas levantaron un presupuesto para comprar una flota de taxis que quieren poner a funcionar aquí en Granada, todo a mis costillas".* Eso por darles un ejemplo.

Hubieron otras oportunidades en las que le comentó cosas más graves, pero Anastasia creyó prudente no repetir para evitar malos entendidos y problemas mayores; en algún momento pensó que eran cosas que ella como ancianita se estaba comenzando a imaginar y, al final de cuentas, pudo comprobar que todo resultó ser muy cierto y más claro que el agua.

Si Anastasia se hubiera quedado en Nicaragua, les aseguro que ella no hubiera tenido que andar de "Herodes a Pilatos", con seguridad se hubiera hecho cargo sin esperar nada a cambio de los viejitos... como siempre lo hizo, mientras estuvo cerca de ellos.

A esto podemos llamarle: ¡Una lección de vida!

CONCLUSIÓN

Proverbios capítulo 27, versículo 6: "Fieles son las heridas del que ama; pero importantes los besos del que aborrece".

Proverbios capítulo 28, versículo 18: "El que en su integridad camina será salvo; mas el de perversos caminos caerá en alguno".

Moraleja: Nunca entregues tus posesiones en vida. Si has criado cuervos, seguramente te sacarán los ojos.

CAPÍTULO XX

LEYES APROBADAS POR EL GOBIERNO SANDINISTA

A continuación les dejo algunas de las leyes mencionadas en los relatos que atañe a los años ochentas en Nicaragua, obtenidas de la **BIBLIOTECA VIRTUAL "ENRIQUE BOLAÑOS FOUNDATION"**:

"... LEY DE AUSENCIA..."

CONFISCACIONES DE BIENES

DECRETO No. 3 (1 Y 2)

LA JUNTA DE GOBIERNO DE RECONSTRUCCION NACIONAL DE LA REPÚBLICA DE NICARAGUA

En uso de sus facultades, DECRETA:

ART. 1. - Se faculta al Procurador General de Justicia para que de inmediato proceda a la intervención, requisación y confiscación de todos los bienes de la familia Somoza, militares y funcionarios que hubiesen abandonado el país a partir de Diciembre de 1977.

Una vez intervenidos, requisados o confiscados estos bienes, el Procurador General de Justicia remitirá todo lo actuado a las autoridades correspondientes.

ART. 2. - La presente Ley entrará en vigencia hoy, desde el momento de su publicación por cualquier medio de comunicación colectiva, sin perjuicio de su publicación posterior en el Diario Oficial. Managua, veinte de Julio de mil novecientos setenta y nueve. "AÑO DE LA LIBERACIÓN NACIONAL". JUNTA DE GOBIERNO DE RECONSTRUCCION NACIONAL

Violeta Barrios de Chamorro. - Sergio Ramírez Mercado. Moisés Hassan Morales. - Robelo Callejas.• Daniel Ortega Saavedra.

NOTAS:

(1) Aclaración y Adición. Decreto No. 38. Gaceta No. 6 de 3/IX/1979.

(2) Destino de bienes confiscados. Decreto No. 59. Gaceta No. 13 de 19/IX/1979.

Situación Jurídica de las Personas con

Bienes Intervenidos o en Investigación

DECRETO No. 282

LA JUNTA DE GOBIERNO DE RECONSTRUCCION NACIONAL DE LA REPUBLICA DE NICARAGUA en uso de sus facultades, Decreta:

ART. 1-La presente Ley regula la situación jurídica de las personas naturales que se encuentren. afuera de Nicaragua, así como de las personas jurídicas, cualquiera sea su domicilio, si en uno u otro caso se hallaren comprendidas en alguna de las siguientes circunstancias:

a) Que sus bienes estén siendo investigados por la Procuraduría General de Justicia;

b) Que sus bienes hubiesen sido intervenidos o en otra forma afectados por la misma Procuraduría al tenor del Decreto No. 38 del 3 de septiembre de 1979;

c) Que sus bienes hubiesen sido objeto de intervención u ocupación por cualquier autoridad nacional o municipal;

d) Que sus cuentas bancarias hubiesen sido intervenidas o congeladas por la Procuraduría General de Justicia.

ART. 2".-Las personas comprendidas en el artículo anterior que desearen impugnar los actos que dieron lugar a los casos contemplados en dicho artículo, deberán hacerlo personalmente ante la Procuraduría General de Justicia dentro del plazo fatal de treinta días a partir de la vigencia de h presente Ley, sujetándose al procedimiento especial que se establece en los artículos siguientes.

Tratándose de sociedades anónimas el personamiento deberá ser hecho con la presencia personal, física de las personas naturales que ostentaban, antes del 19 de julio de 1979, la representación legal de las mismas de conformidad con el inciso 4 del Art. 124 del Código de Comercio. En las demás clases de sociedades mercantiles, el personamiento deberá ser con la presencia física de los socios que representen la mayoría del capital social antes de la fecha ya indicada., todo según prudente apreciación del Procurador. General de Justicia.

ART. 3Q.-Los interesados se deberán presentar personalmente ante la Procuraduría General de Justicia, portando o presentando documentos de identificación personal los cuales se agregarán originales o razonados en los autos.

La Procuraduría General de Justicia extenderá constancia de su personamiento al dando en dicha constancia razón de cualesquiera documentos que hubieren sido acompañados.

El interesado tendrá un plazo de quince días a partir de la fecha de su personamiento para presentar solvencia fiscal, sin interrumpir el término de prueba.

A partir de la fecha de la presentación personal y sin notificación o resolución ulterior, el proceso quedará abierto a pruebas por el término improrrogable de treinta días. Dentro de este plazo podrá el interesado presentar todas las pruebas que estime conveniente así como las que le sean requeridas por la Procuraduría, inclusive nuevas comparecencias personales.

La prueba rendida será valorada según prudente apreciación de la Procuraduría General de Justicia.

ART. 4

Q. "Concluido el término probatorio, y sin más trámite, el Procurador General dictará las resoluciones que estime de justicia, ya sea ordenando la liberación y correspondiente devolución de los bienes, o la de su confiscación definitiva.

En casos de mérito, el Procurador podrá hacer arreglos especiales con los afectados que pueden comprender, a manera de ejemplo, los siguientes casos: Pago de indemnizaciones parciales o totales y permutas o daciones en pago. Razón de estos arreglos en todo caso será puesta como parte de la resolución definitiva que dictare el Procurador.

Tratándose de bienes intervenidos o en otra forma atendidos por INRA, el Procurador se limitará, si su resolución es favorable al afectado, a consignar que el interesado se personó en tiempo, llenó los requisitos y probanzas por el Procurador, y que no es sujeto de confiscación de conformidad con las leyes pertinentes.

ART. 5

Q.-Las personas comprendidas en el Art. 1?, que no hicieren uso de los derechos que aquí se le confieren dentro del plazo fatal establecido perderán cualquier derecho que tuvieren sobre los bienes afectados, los cuales pasarán a ser propiedad del Estado, sin indemnización.

El Procurador en su resolución asignará el bien a la dependencia del Estado que corresponda, extendiéndole certificación de la misma, la que le servirá de título de dominio. Si fuese necesario anotar la transferencia en algún Registro, el Asiento respectivo contendrá transcripción de la certificación.

ART. 6-Para los efectos de esta Ley, las actuaciones y comparecencias del interesado deberán ser personales y no podrán ser por medio de apoderado.

ART. T.-Para la aplicación de esta Ley no tendrán efecto las transacciones hechas con estos bienes con posterioridad al 19 de julio de 1979.

Si la invalidación de estas transacciones afectara el derecho de terceros, la Procuraduría General resolverá según su prudente apreciación lo que estime de justicia.

ART. 8".-La presente Ley entrará en vigencia a partir de los cinco días de la fecha de su publicación en "La Gaceta", Diario Oficial.

Dado en la ciudad de Managua, a los siete días del mes de febrero de mil novecientos ochenta. "Año de la Alfabetización". Junta de Gobierno de Reconstrucción Nacional. Violeta B. de Chamarra. - Sergio Ramírez M. - Moisés Hassan M. Alfonso Robelo C. - Daniel Ortega S.

Inscripción Registral de Bienes Confiscados

DECRETO No. 370

LA JUNTA DE GOBIERNO DE RECONSTRUCCION NACIONAL DE LA REPUBLICA DE NICARAGUA en uso de sus facultades, Decreta:

ART. 1 ?-En las resoluciones de la Procuraduría General de Justicia sobre confiscación de bienes de personas que se encuentran pendientes de investigación conforme los Decretos Nos. 3, del 20 de julio de 1979 y 38 del 8 de agosto del mismo año, el Procurador asignará el bien a la dependencia del Estado que corresponda.

ART. 2?-Autorizase a los Registradores de la Propiedad Inmueble para proceder a inscribir de inmediato, a nombre del Estado, las certificaciones emanadas del Ministerio de Justicia, en su calidad de Procurador General de Justicia, donde consten las confiscaciones y asignaciones de los bienes que han pasado a su dominio y posesión.

ART. 3\'.-En los casos de esta Ley se releva a los Registradores de tener a la vista las boletas fiscales, con excepción del Certificado Catastral de los inmuebles ubicados en los Departamentos declarados por Ley, Zonas Catastrales.

ART. 4

Q.-La certificación a que se refiere el Art. 2Q de esta Ley servirá de suficiente título de dominio a la dependencia del Estado a quien le fuere asignado el o los bienes confiscados.

ART. 5°.-La institución o dependencia del Estado a quien se haya asignado un bien confiscado podrá una vez inscrito su título en el Registro correspondiente, solicitar a la Procuraduría General de Justicia que cancele los gravámenes existentes en el Registro que pesen sobre dicho bien. El Procurador tendrá la facultad de ordenar al Registrador la cancelación de dichos gravámenes siempre y cuando éstos hayan sido constituidos a favor de personas afectas a los Decretos N os. 3 y 38 mencionados en el Art. 1 Q de esta Ley.

ART. 6

9.-La presente Ley entrará en vigencia desde la fecha de su publicación en "La Gaceta", Diario Oficial.

Dado en la ciudad de Managua, a los once días del mes de abril de mil novecientos ochenta. "Año de la Alfabetización". Junta de Gobierno de Reconstrucción Nacional. Violeta B. de Chamorro. - Moisés Hassan Morales. - Sergio Ramírez Mercado. - Alfonso Robelo Callejas. - Daniel Ortega Saavedra.

Si la invalidación de estas transacciones afectara el derecho de terceros, la Procuraduría General resolverá según su prudente apreciación lo que estime de justicia.

ART. 8".-La presente Ley entrará en vigencia a partir de los cinco días de la fecha de su publicación en "La Gaceta", Diario Oficial.

Dado en la ciudad de Managua, a los siete días del mes de febrero de mil novecientos ochenta. "Año de la Alfabetización". Junta de Gobierno de Reconstrucción Nacional. Violeta B. de Chamarro. – Sergio Ramírez M. – Moisés Hassan M. Alfonso Robelo C. – Daniel Ortega S.

Confiscación de Bienes. Procedimiento

DECRETO No. 422

LA JUNTA DE GOBIERNO DE RECONSTRUCCION NACIONAL DE LA REPUBLICA DE NICARAGUA en uso de sus facultades y con fundamento del Art. 23 del Decreto No. 388 del 2 de mayo de 1980, hace saber al pueblo nicaragüense:

UNICO: Que aprueba las reformas hechas por el Consejo de Estado en Sesión Ordinaria número cinco del día veintiocho del mes de mayo de mil novecientos ochenta, a la "Ley de Procedimiento Reformatorio a lo Establecido en los Decretos números treinta y ocho del ocho de agosto de mil novecientos setentinueve; ciento setentidós del veintiuno de noviembre de mil novecientos setentinueve y doscientos ochenta y dos del siete de febrero de mil novecientos ochenta", la que ya reformada íntegra y literalmente se leerá así:

ART. 1

9.-Los casos de investigación, requisición, ocupación o intervención de bienes que se encuentren a esta fecha en conocimiento del Ministerio de Justicia en virtud de los Decretos 38 del 8 de agosto de 1979, del 172 del 21 de noviembre del mismo año y 282 del 7 de febrero de 1980 y en los cuales no se haya dictado resolución definitiva de confiscación, pasarán a los Tribunales ordinarios, los que conocerán conforme el procedimiento que se determina en esta Ley.

ART. 2

Q.-Para efecto de lo estipulado en el artículo anterior, el Ministerio de Justicia procederá a interponer judicialmente demanda para la confiscación de dichos bienes.

En estos casos el procedimiento se sujetará a las siguientes reglas:

a) Serán competentes para conocer de las demandas de confiscación en toda la nación, únicamente los Jueces Civiles de Distrito del Departamento de Managua quienes resolverán sobre la aplicación de los Decretos Nos. 38, 172 y 282 ya mencionados;

b) El proceso será iniciado a instancia del Ministerio de Justicia por demanda que interponga conforme las reglas del derecho común en contra de las personas cuyos bienes se encuentren en la situación contemplada en el artículo anterior;

c) El juicio se tramitará sumariamente conforme lo establecido en el Art. 1647 Pr., y las pruebas que se aporten por las partes serán apreciadas por el Juez de la causa, en su resolución definitiva, conforme las reglas de la sana critica sin estar sometido a la prueba tasada por la Ley.

ART. 3

Q.-De la sentencia definitiva dictada en primera instancia podrán las partes recurrir de apelación ante la Sala de 10 Civil de la Corte de Apelaciones respectiva. Este recurso deberá ser admitido por el Juez en ambos efectos.

ART. 4

Q.-El Tribunal que conoce del recurso en segunda instancia apreciará también la prueba rendida conforme las reglas de la sana critica. De su resolución podrán las partes recurrir de casación.

ART. 5

Q.-El recurso de casación deberá interponerse, tramitarse y resolverse según las reglas del derecho común salvo por lo que hace a la apreciación de las pruebas en su caso que deberá ser conforme a la sana crítica.

ART. 6

Q.-En estos juicios el Ministerio de Justicia está exento de rendir fianza de costas. No cabrán cuestiones de competencia y todo incidente se tramitará sin paralizar el juicio dentro del mismo y se fallará en la sentencia definitiva.

ART. T.-En lo no previsto en esta Ley se aplicarán las reglas del derecho común para los juicios sumarios sin que quepan tercerías salvo la intervención de terceros coadyuvantes.

ART. 8

Q.-La presente Ley entrará en vigencia desde su publicación en "La Gaceta", Diario Oficial.

Por Tanto: Téngase como Ley de la República. Ejecútese y publíquese.

Dado en la ciudad de Managua, a los treinta y un días del mes de mayo de mil novecientos ochenta. "Año de la Alfabetización".

Junta de Gobierno de Reconstrucción Nacional. Sergio Ramírez Mercado. - Moisés Hassan Morales. - Daniel Ortega Saavedra. - Arturo J. Cruz. - Rafael Córdova Rivas.

EL DISFRAZ

"S.M.O. – SERVICIO MILITAR OBLIGATORIO"

LEY DEL SERVICIO MILITAR PATRIOTICO

Decreto No. 1,327

LA JUNTA DE GOBIERNO DE RECONSTRUCCION NACIONAL DE LA REPUBLICA DE NICARAGUA

En uso de sus facultades y con fundamento en el Artículo 23 del Decreto 388 del 2 de Mayo de 1980.

Hace saber al pueblo nicaragüense:

Único: Que aprueba las reformas hechas por el' Consejo de Estado en Sesión Ordinaria número catorce del día trece del mes de Septiembre de mil novecientos ochenta y tres. "Año de Lucha por la Paz y la Soberanía" al Decreto "LEY DE SERVICIO MILITAR PATRIOTICO", el que ya reformado íntegra y literalmente se leerá así:

I Que el deber y el honor de la defensa de la Patria fueron principios por los que se rigió el Ejército Defensor de la Soberanía Nacional de Nicaragua.

II

Que posteriormente estos principios fueron recogidos y sustentados por prominentes patriotas que con su actitud ejemplar dieron muestras fehacientes de su decisión de cumplir con elineludible compromiso histórico que implican estos altos valores de nuestro pueblo.

III

Que Benjamín Zeledón y Augusto César Sandino, gloriosos portaestandartes de la tradición de lucha antimperialista de nuestros pueblos, son los máximos exponentes del compromiso indoblegable de los nicaragüenses con la defensa de la Patria y el decoro nacional.

IV

Que Carlos Fonseca, recoge el legado de Benjamín Zeledón y Augusto César Sandino y lo transmite a los demás fundadores, forjadores y militantes del Frente Sandinista de Liberación Nacional, Vanguardia histórica de nuestro pueblo y fiel continuador de la gloriosa lucha por la liberación definitiva de nuestra Patria.

V

Que el Frente Sandinista de Liberación Nacional proclamó en su Programa Histórico, la abolición de la Guardia

Nacional, fuerza enemiga del pueblo, y la creación de un Ejército Popular, revolucionario y patriótico, integrado principalmente por estudiantes, obreros y campesinos.

VI

Que este ejército, reuniendo a las fuerzas fundamentales de la sociedad nicaragüense es el llamado a defender con las armas en la mano los derechos conquistados por el pueblo por la Revolución, frente a la embestida de las fuerzas reaccionarias, tanto externa como interna que la Victoria inevitablemente desataría.

VII

Que en la Primera Proclama del Gobierno de Reconstrucción Nacional, se deja claramente establecido el propósito de destruir al Ejército de ocupación del antiguo y crear un nuevo Ejército Nacional y Popular, integrado por los mejores hijos de Nicaragua y que representará así verdaderos intereses de su pueblo.

VIII

Que tanto en el Programa de Gobierno, Punto 1,12, como en el Estatuto Fundamental de la República, Artículo 24, se establece que este nuevo Ejército estará integrado por un mínimo de Cuadros Permanentes y por los nicaragüenses aptos que presten su Servicio Militar Obligatorio, con el objetivo de disminuir los gastos que genera la defensa y destinar dichos recursos financieros al desarrollo económico y social del país.

IX

Que el Servicio Militar Patriótico proporcionará el aprendizaje de las más avanzadas técnicas militares, fomentará en nuestra juventud el sentido de la disciplina y la moral revolucionaria y el amor a la Patria y a la Revolución. Por Tanto: En uso de sus facultades, Decreta: La siguiente: "Ley de Servicio Militar Patriótico"

CAPITULO I

Objeto de la Ley

Art. 1o.-La presente Ley Regula el ejercicio del deber patriótico de todos los ciudadanos nicaragüenses de prestar Servicio Militar de conformidad con lo establecido en el Estatuto Fundamental y en el Estatuto sobre Derechos y Garantías de los Nicaragüenses. Por la presente Ley se establecen las normas que regulan las condiciones, organización, prestación, sanciones, características y registro del Servicio Militar Patriótico. Esta Leyes de Orden Público.

CAPITULO II

Definición y Generalidades

Art. 20.-El Servicio Militar Patriótico es la forma de participación organizada y activa de todo el pueblo en las actividades de la defensa y por tanto constituye un deber de todos los nicaragüenses defender con las armas la Soberanía e Independencia de la

Patria y la Revolución Popular Sandinista. Este deber se cumplirá incorporándose a una estructura militar o sometiéndose a la instrucción militar durante un período determinado en tiempo de paz y acudiendo al llamado en defensa de la Patria en tiempo de guerra de acuerdo a lo preceptuado en la presente Ley.

Art. 30.-El Servicio Militar Patriótico es la Institucionalización del Servicio Militar que voluntariamente han venido prestando los milicianos y reservistas desde el triunfo de la Revolución y constituye un esfuerzo hacia formas superiores de organización que involucran la participación de todo nuestro pueblo en la defensa de la Patria y de la Revolución.

Art. 40.-El Servicio Militar Patriótico se basa en:

1. El honor y el deber de defender la Soberanía e Independencia de la Patria.

2. La tradición de lucha y actitud indoblegable del pueblo desde tiempos coloniales, por la liberación de la dominación extranjera de nuestro país.

3. El cumplimiento del legado histórico de nuestros héroes y mártires.

4. La integración masiva del pueblo a las Milicias Populares Sandinistas y a los Batallones de Infantería de Reserva desde el triunfo de la Revolución.

5. La necesidad de consolidar un Ejército Popular para garantizar las conquistas de la Revolución.

Art. 50.-El Servicio Militar Patriótico comprende:

-Servicio Militar Activo.

-Servicio Militar de Reserva.

El Servicio Militar Activo consiste en el cumplimiento directo y consecutivo de obligaciones militares en cualquier Unidad o Dependencia Permanente del Ministerio de Defensa.

El Servicio Militar de Reserva consiste en el cumplimiento por parte de los ciudadanos comprendidos en las categorías correspondientes establecidas en esta Ley, de tareas de instrucción militar que los capacite para la defensa del país en Estado de Guerra.

Art. 60.-Los ciudadanos nicaragüenses del sexo masculino comprendidos entre las edades de 18 a 40 años estarán obligados a cumplir Servicio Militar Activo y/o de Reserva.

Los ciudadanos nicaragüenses del sexo femenino cumplirán voluntariamente el Servicio Militar Patriótico.

Las comprendidas entre las edades de 18 a 40 años, podrán solicitar su integración ya sea al Servicio Militar Activo o de Reserva, según el caso, ante las instancias correspondientes del Ministerio de Defensa.

Art. 70.-Los que prestan el Servicio Militar Activo se denominan militares y los que están en la Reserva, reservistas. Se denominan pre-reclutas los comprendidos entre los 18 y 25 años de edad que no hayan sido llamados a prestar su período de Servicio Militar Activo.

Tanto los militares como los reservistas deben realizar el Juramento Militar establecido por el Gobierno de la República.

CAPITULO III

Del Servicio Militar Activo

Art. Bo.-El Servicio Militar Activo se inicia al incorporarse el ciudadano a una Unidad o Dependencia Militar permanente para recibir instrucción militar.

A partir de ese momento los incorporados se consideran militares para todos los efectos.

Art. 90.-El período del Servicio Militar Activo es de dos años y en casos especiales podrá ser prorrogado o reducido por el Ministro de Defensa hasta por seis meses si las condiciones del Servicio así lo requieran.

Durante este período el militar estará subordinado a una estructura militar. En caso de guerra o Estado de Emergencia este período puede ser prorrogado por decisión de la Junta de Gobierno de Reconstrucción Nacional mientras duren éstos.

Art. IO.-Pueden ser llamados a cumplir el Servicio Militar Activo todos los nicaragüenses a partir del primero de Enero del año en que cumplan dieciocho años de edad, hasta el treinta y uno de Diciembre del año en que cumplan veinticinco años de edad.

Arto.-A los militares se les asegurará alimentación, instrucción militar, atención médica, vestuario, artículos de aseo personal y una asignación mensual para sus gastos personales imprescindibles durante el tiempo que presten el Servicio Militar Activo; además cuando sean sostén parcial de su familia, se le dará una ayuda económica mensual a sus familiares.

En caso que al momento de integrarse al Servicio Militar Activo estuvieren trabajando, se les garantizará su trabajo, en igualdad de condiciones, una vez que hayan cumplido su Servicio Militar.

Art. 120.-El militar al cumplir su término de Servicio Militar Activo se incorporará al Servicio Militar de Reserva.

CAPITULO IV

Del Servicio Militar de Reserva

Art. 130.-El Servicio Militar de Reserva está formado por ciudadanos con diferentes niveles de preparación técnico-militar y por quienes carecen de ella; dependiendo de esa situación pasan a integrar dos categorías:

Forman la Primera Categoría:

a). Los que antes del 19 de Julio de 1979 hayan combatido organizadamente en las estructuras regulares del Frente Sandinista de Liberación Nacional o bajo su dirección;

b). Los que hayan cumplido su Servicio Militar Activo;

c). Los que hayan sido licenciados del Ejército Popular Sandinista o del Ministerio del Interior y hayan cumplido no menos de un año de Servicio;

d). Los que se han incorporado como Reservistas a las Unidades Militares de Reserva;

e). Los que hayan cursado sus períodos de instrucción en las Milicias Populares Sandinistas.

Formarán la Segunda Categoría los ciudadanos que al momento de integrarse al Servicio Militar de Reserva no tengan ninguna preparación técnico-militar.

Art. 140.-Los ciudadanos comprendidos en el Servicio Militar de Reserva, están obligados a inscribirse y a recibir instrucción militar en los plazos y lugares establecidos por el Ministerio de Defensa.

Art. ISo.-El Ministro de Defensa presentará cada año a la

Junta de Gobierno de Reconstrucción Nacional, para su aprobación, el número de reservistas que deberán participar en los períodos de instrucción militar.

Art. 160.-Al decretarse la movilización de la Unidad a la que hayan sido asignados, los reservistas se considerarán militares y están obligados a presentarse inmediatamente.

Art. 170.-Los reservistas movilizados para pasar períodos de instrucción militar, para tiempo de guerra o Estado de Emergencia, continuarán devengando sus salarios por el centro de trabajo al cual se encuentren vinculados laboralmente, aplicándose para tal efecto las disposiciones vigentes.

Art. IBo.-Los organismos, empresas, centros de trabajo y de estudio privados, estatales o mixtos, están en la obligación de dar facilidades a los reservistas adscritos a su centro de trabajo o estudio, para que participen en los períodos de instrucción militar u otras actividades que se les señalen relacionadas con el Servicio Militar Patriótico.

CAPITULO V

De los Órganos Encargados de la Aplicación de la Ley

Art. 190.-Para la aplicación de la presente Ley, el Ministerio de Defensa creará Delegaciones Militares y Juntas de Reclutamiento, las que tendrán la organización, facultades y deberes que se señalen en esta Ley y su Reglamento.

Art. 200.-Las Delegaciones Militares y las Juntas de Reclutamiento se ajustarán a la división político-administrativa del país y tendrán jurisdicción sobre el territorio correspondiente, para los efectos de la presente Ley.

Habrá Delegaciones y Juntas de Reclutamiento Regionales y Zonales.

Art. 210.-Las Delegaciones Militares Regionales tienen las siguientes facultades:

a). Dirigir y controlar el trabajo de las Delegaciones Zonales que tengan que ver con la inscripción del Servicio Militar, la preparación técnica-militar de los pre-reclutas, la organización y realización de los llamados, la implementación del Registro Militar y todas las demás actividades que se refieran al cumplimiento del Servicio Militar Activo y de Reserva;

b). Atender las solicitudes y quejas relacionadas con el cumplimiento del Servicio Militar;

c). Remitir a la Procuraduría a todos aquellos obligados a prestar Servicio Militar" Patriótico que no cumplan con las obligaciones establecidas en la presente Ley.

Art. 220.-Las Juntas de Reclutamiento Regionales o de Zonas Especiales estarán integradas de la siguiente manera:

a). El Jefe de la Delegación Militar Regional o de Zona Especial, que la preside;

b). Un Representante del Gobierno Regional o Zona Especial, si ya estuviere constituido;

c). Un Representante del Ministerio del Interior;

d). Un Representante de la Institución Estatal que atienda el sector productivo más importante de la región;

e). Un Representante del Sector de Educación;

f). Un Representante del Ministerio de Salud, que actuará como Jefe Médico;

g). Un Representante de Servicios Médicos del Ejército Popular Sandinista.

Art. 230.-Las Juntas de Reclutamiento Regionales o de 20 tendrán las siguientes facultades:

a). Aplicar la Política de Reclutamiento establecida por la Junta de Gobierno de Reconstrucción Nacional a través del Ministerio de Defensa;

b). Resolver de las solicitudes de excepciones del Servicio Militar;

c). Todas las demás que el Ministerio de Defensa le asigne de acuerdo a los Reglamentos, dentro del marco de sus facultades.

CAPITULO VI

De la Inscripción y Selección

Art. 240.-Las personas comprendidas en el Artículo 60. de la presente Ley, están obligadas a inscribirse en el Servicio Militar según lo dispuesto en los artículos siguientes, aun cuando estimen estar comprendidos en alguna de las excepciones de esta Ley.

Quedan exceptuados de la obligación de inscribirse en el Servicio Militar Patriótico, los miembros en Servicio Activo del Ejército Popular Sandinista y del Ministerio del Interior; sin embargo, deberán hacerlo inmediatamente después de ser licenciados.

Art. 250.-La inscripción en el Servicio Militar se inicia con la presentación personal y obligatoria ante las Oficinas de Inscripción o ante las Delegaciones Militares en su caso.

Art. 260.-La inscripción en el Servicio Militar se realizará en los períodos que expresamente se señale por convocatoria que al efecto haga el Ministerio de

Defensa y en el lugar donde la persona resida temporal o permanentemente.

Art. 270.-Las Delegaciones Militares dispondrán la conducción ante ellas de las personas que incumplan su obligación de inscribirse en el Servicio Militar Patriótico. La conducción la harán por medio de las autoridades correspondientes.

Art. 280.-Todos los ciudadanos inscritos en el Servicio Militar están obligados a reportar en forma inmediata a la Delegación Militar correspondiente, los cambios que se den en su situación y estado.

Art. 290.-Al decretarse la Movilización General, los inscritos no podrán trasladarse fuera de su lugar de residencia sin la aprobación de la Delegación Militar donde se encuentren registrados.

Art. 300.-Los ciudadanos nicaragüenses residentes en el exterior, comprendidos en el Artículo 60., están obligados a inscribirse en las Embajadas o Consulados en los plazos que se establezcan para la inscripción. Corresponde al Ministerio del Exterior en coordinación con el Ministro de Defensa la organización y realización del proceso de inscripción en el exterior.

Art. 310.-A todo nicaragüense obligado a inscribirse en el Servicio Militar Patriótico! les serán extendidos los documentos que acrediten su inscripción y cumplimiento de sus obligaciones militares o constancia de no haber sido llamados. Estos documentos serán necesarios para:

a). Trabajar en Centros Privados, Estatales o Mixtos.

b). Matricularse en los Centros de Estudios;

c). Obtención de visas y pasaportes;

d). Realizar cualquier contratación legal con el Estado o particulares. Los jefes de estos centros, funcionarios o notarios públicos están obligados a exigir la presentación de estos documentos y dar cuenta a la Delegación Militar correspondiente de las infracciones, si las hubiere.

CAPITULO VII

De las Excepciones

Art. 320.-Son causas de excepción temporal del cumplimiento del Servicio Militar Activo, en tiempo de paz, las siguientes:

a). Incapacidad temporal para el cumplimiento del Servicio Militar Activo. En estos casos la exoneración tendrá una duración de un (1) año y el inscrito está obligado a someterse al tratamiento médico curativo que le permita eliminar la incapacidad que padece;

b). Ser único sostén de su hogar, mientras se mantengan y concurran una de las situaciones siguientes:

1). El hijo sostén único de sus padres.

2). El hermano sostén de hermanos menores que no tengan padres o cuyos padres no estén capacitados para trabajar.

3). El nieto sostén de sus abuelos mayores de 60 años, cuando éstos no tengan hijos vivos o estén incapacitados para el trabajo.

4). El padre que sea sostén único de su hijo o hijos, cuando el otro estuviere incapacitado para trabajar o no trabajare por causas ajenas a su voluntad.

Estas circunstancias se determinarán a criterio de las Juntas de Reclutamiento.

c). Por razones de estudio, los estudiantes regulares de la Educación Superior, Media y equivalente que se encuentren cursando el último año de su nivel. Oído el parecer del Ministerio de Educación y del CNES, el Ministro de Defensa podrá establecer la exoneración a los estudiantes regulares no comprendidos en el párrafo anterior, tomándose en cuenta las necesidades de la defensa y las del desarrollo cultural, técnico y profesional de nuestra juventud;

d). Estar privados de libertad y mientras dure esa situación;

e). Por razones de interés económico social, siempre que el inscrito tenga más de veintiún años de edad.

Art. 330.-Los inscritos que hayan servido durante dos años en el Ejército Popular Sandinista o en el Ministerio del Interior, quedan exceptuados de cumplir su período de Servicio Militar Activo.

Art. 340.-Se exceptúan absolutamente de cumplir el Servicio Militar Patriótico en tiempo de paz o en tiempo de guerra, los inscritos que presenten incapacidad física o mental permanente.

Art. 350.-A los efectos de determinar las excepciones temporales o permanentes por motivo de salud, el Ministerio de Defensa conjuntamente con el Ministerio de Salud, determinará las incapacidades temporales o permanentes a que se refieren los artículos anteriores.

Art. 360.-Los militares pueden ser licenciados del Servicio Militar Activo antes de cumplir su período y pasar a la Reserva, cuando aparezcan algunas de las causas señaladas en los incisos a) y b) del Artículo 320. de la presente Ley.

Art. 370.-Cuando la Junta de Gobierno de Reconstrucción Nacional decrete la Movilización General, quedará sin efecto las excepciones que establece esta Ley, salvo las del Artículo 340.

CAPITULO VIII

Del Registro Militar

Art. 380.-Las Delegaciones Militares llevarán los Libros de Registro Militar de los inscritos domiciliados en su circunscripción.

Art. 390.-Las Embajadas y Consulados de la República de Nicaragua llevarán los Libros del Registro Militar de los domiciliados en su circunscripción, los cuales estarán a disposición del Ministerio de Defensa.

Art. 400.-Los Responsables del Registro del Estado Civil de las Personas, proporcionarán gratuitamente, a solicitud de las Delegaciones Militares, la información que sobre hechos vitales esté en sus Registros y que sea necesaria para el cumplimiento de las funciones del Registro Militar.

CAPITULO IX

De las infracciones y Sanciones

Art. 410.-El Servicio Militar Patriótico, un honor y un deber que todos los ciudadanos nicaragüenses deben prestar de acuerdo con las prescripciones de la presente Ley y su Reglamento, goza de todo el respaldo social, político y jurídico del Estado Revolucionario. Por tanto, aquellos que lo incumplan les serán aplicadas las sanciones que corresponden según la gravedad de sus conductas.

Art. 420.-A quien estando obligado a cumplir el Servicio Militar Patriótico, incurriere en las siguientes conductas sin causas justificadas se le aplicará estas penas:

a). El que no se presentare en el término fijado para la inscripción: arresto de tres meses a dos años;

b). El que no se presentare cuando fuere citado para entrevistas, exámenes o tratamientos médicos y similares: arresto de uno a seis meses.

Art. 430.-El que estando obligado a prestar el Servicio Militar Patriótico se negare a suministrar información o a suscribir los documentos a que está obligado de acuerdo con la presente

Ley, se le aplicará la pena de seis meses de arresto a tres años de prisión. El que suministre información falsa será sancionado con pena de dos a cinco años de prisión.

Art. 440.-A quien estando detenido por haber incurrido en las conductas señaladas en los Artículos 420 y

430 de la presente Ley, manifieste su disposición a inscribirse, cumplir con las citas, suministrar verdadera información o suscribir los documentos, después de su cumplimiento, se le podrá otorgar su libertad si no estuviere a la orden del Juez y se le rebajará la pena hasta la mitad si ya hubiere sido sentenciado.

Si después de cumplir la pena, aún se negare a inscribirse, se procederá a inscribirlo de oficio, antes de ponerlo en libertad.

Art. 450.-El que al ser citado con el fin de ser incorporado al Servicio Militar Activo, no comparece en la fecha y lugar establecido, sin causa debidamente justificada para la tardanza, se le aplicará la pena de dos a cuatro años de prisión. Estas penas podrán reducirse hasta la mitad si el citado manifiesta su voluntad de rectificar y se integra al Servicio' Militar.

Podrá penarse conforme los Reglamentos Militares el que llamado al Servicio Militar Activo se negare a vestir el uniforme militar o portar las armas reglamentarias o a cumplir los demás trámites necesarios para su efectiva incorporación.

Art. 460.-El que no informe a la Delegación Militar correspondiente los cambios de situación, estado y domicilio, el extravío o deterioro del documento acreditativo de su inscripción o del cumplimiento de su

Servicio Militar o cualquier hecho o circunstancia respecto de los cuales está obligado a informar, será sancionado con multa de cien (C$100.00) a un mil (C$1.000.00) córdobas.

El que no porte el documento acreditativo de su inscripción o del cumplimiento del Servicio Militar Patriótico o que no lo muestre al ser requerido por autoridad competente, será sancionado con multa de cien (C$100.00) a quinientos (C$500.00) córdobas.

Al que reincida en las conductas _anteriores, se le aplicará el doble de la multa según el caso, o arresto hasta por treinta días o ambas sanciones.

Art. 470.-El Reservista que habiendo sido citado dejare de asistir sin causa justificada a los períodos de instrucción militar, movilización u otros actos relacionados con el Servicio Militar, será sancionado de uno a nueve meses de arresto.

Art. 48.-El Reservista que en situación de guerra evada la Movilización General, será considerado desertor y juzgado conforme las Leyes Militares vigentes.

Art. 490.-Será sancionado con arresto de tres a nueve meses o multa de un mil (C$1.000.00) a diez mil (C$10.000.00) córdobas, según haya actuado con dolo o negligencia, la autoridad, funcionario o cualquier otra persona de las que tienen obligaciones de acuerdo con esta Ley, que:

a). Impida o dificulte a quien le esté subordinado laboralmente el cumplimiento de las obligaciones con el Servicio Militar Patriótico;

b). Contrate o matricule a quien se encuentra comprendido en las edades del Servicio Militar Patriótico sin cumplir con las formalidades requeridas;

c). Incumpla las obligaciones establecidas para la organización, control y actualización del Registro Militar o no lo hace en la forma dispuesta;

d). Incumpla con cualquier otra obligación que se le asigne para el cumplimiento del Servicio Militar Patriótico.

Art. sOo.-Serán competentes para conocer y fallar de las infracciones a que se refiere el presente Capítulo, los Juzgados de Distrito del Crimen mediante el procedimiento sumario establecido en el Título respectivo del Código de Instrucción Criminal.

De las sentencias del Juez de Distrito, se podrá recurrir de apelación ante los Tribunales respectivos.

De las infracciones de este Capítulo no tendrá lugar la excarcelación por la Fianza de la Haz o Caución Juratoria.

Las Delegaciones Militares podrán imponer las multas contempladas en esta Ley cuando consideren que la infracción cometida no amerita prisión o arresto; de lo contrario remitirán al infractor a la Procuraduría de Justicia para que interponga la acusación correspondiente.

Las multas establecidas en la presente Ley, serán enteradas a favor del fisco.

CAPITULO X

Disposiciones Generales

Art. slo.-La administración de los centros de trabajo y estudio de todos los niveles, estatales, privados o mixtos, cumplirá las tareas de Registro Militar que le señale el Ministerio de Defensa.

Art. s20.-Los Órganos del Ministerio del Interior colaborarán con las Delegaciones Militares en la adopción de medidas, para que se cumpla la presente Ley y su Reglamento.

Art. 530.--A las Milicias Populares Sandinistas podrán integrarse voluntariamente:

a). Los nicaragüenses no comprendidos en la presente Ley;

b). Los Reservistas que no estén incorporados en Unidades de Reservas, mientras no sean asignados a las mismas por las Delegaciones Militares;

c). Los pre-reclutas mientras no sean llamados a cumplir su Servicio Militar Activo.

Las Milicias Populares Sandinistas seguirán rigiéndose por el Decreto No. 313 y sus reformas.

Art. 540.-A toda persona sancionada por no cumplir con lo establecido en la presente Ley, una vez cumplida la sentencia, le será extendida una constancia del cumplimiento de la pena, que le permitirá ejercer los derechos a que se refieren los incisos a), b), c) y d) del Art. 310. de esta Ley.

Art. 550.-La Junta de Gobierno de Reconstrucción Nacional emitirá el Reglamento de la presente Ley.

El Ministro de Defensa queda facultado para dictar las disposiciones necesarias para la mejor ejecución y cumplimiento de la presente Ley y su Reglamento.

CAPITULO XI

Disposiciones Transitorias

Art. 560.-La primera inscripción para el Servicio Militar Activo se llevará a efecto del primero al treinta y uno de octubre del corriente año y comprenderá a los nicaragüenses del sexo masculino de diecisiete (17) a veintidós (22) años de edad, nacidos entre los años 1961 y 1966, ambos inclusive.

Para los Nicaragüenses comprendidos en el párrafo anterior que se encuentren en el exterior, el Ministerio de Defensa oportunamente fijará las fechas de su inscripción. Al regresar al país, podrán inscribirse en las Delegaciones Militares correspondientes conforme lo determine el Ministro de Defensa.

Vigencia

Art. 570.-La presente Ley deroga cualquier otra disposición legal que se le oponga, y entrará en vigencia a partir de su publicación por cualquier medio de comunicación colectiva, debiéndose publicar posteriormente en "La Gaceta", Diario Oficial.

Dado en la ciudad de Managua a los trece <lías del mes de Septiembre de mil novecientos ochenta y tres. "Año de Lucha por la Paz y la Soberanía".

JUNTA DE GOBIERNO DE RECONSTRUCCION NACIONAL.- Daniel Ortega Saavedra.- Rafael Córdova Rivas.

LO ÚNICO BUENO QUE HICIERON

DECLARACION DE 1980 "AÑO DE LA AIFABETIZACION"

DECRETO No. 210

LA JUNTA DE GOBIERNO DE RECONSTRUCCION NACIONAL DE LA REPÚBLICA DE NICARAGUA CONSIDERANDO

Que durante el presente año se llevará a cabo la gran "Cruzada Nocional de Alfabetización Héroes y Mártires de la Libre: "acción de Nicaragua", en uso de sus atribuciones,

DECRETA:

ART. 1. - Declárese oficialmente al Año 1980 "AI'\IO DE LA ALFABETIZACION".

ART. 2. - El presente Decreto entrará en vigencia desde la fecha de su publicación en "La Gaceta", Diario Oficial.

Dado en la ciudad de Managua, a los veinte días del mes de Diciembre de mi! novecientos setenta y nueve. AÑO DE LA LIBERACION NACIONAL.

JUNTA DE GOBIERNO DE RECONSTRUCCION NACIONAL

Sergio Ramírez Mercado. - Alfonso Robelo Callejas. - Moisés Hassan Morales. - Daniel Ortega Saavedra. - Violeta Barrios de Chamorro.

Día Nacional de la Alfabetización

DECRETO No. 498

LA JUNTA DE GOBIERNO DE RECONSTRUCCIÓN NACIONAL DE LA REPÚBLICA DE NICARAGUA, en uso de sus facultades y con fundamento en el Art. 23 del Decreto No. 388 del 2 de mayo de 1980, saber al pueblo nicaragüense:

ÚNICO: Que aprueba las reformas hechas por el Consejo de Estado en sesión ordinaria número quince del día veinte de agosto de mil novecientos ochenta, al Decreto "Día Nacional de la Alfabetización", el que ya reformado íntegro y literalmente se leerá así:

Considerando:

Que la Campaña Nacional de Alfabetización significa para la Revolución Nicaragüense un paso gigantesco, en su lucha contra la ignorancia, en que por tantos siglos regímenes corruptos mantuvieron al pueblo de Sandino; y siendo que esta Campaña ha llegado a la meta esperada, gracias al espíritu revolucionario de nuestros jóvenes alfabetizadores.

Por Tanto: en uso de sus facultades, Decreta:

Art. I.-Declarar el 23 de agosto como DIA NACIONAL DE LA ALFABETIZACION. Los Centros de Enseñanza Primaria, Media y Superior, dispondrán de ese día para conmemorar dicha Campaña.

Art. 2.-El presente Decreto entrará en vigencia desde el momento de su publicación por cualquier medio de comunicación colectiva, sin perjuicio de su publicación posterior en "La Gaceta", Diario Oficial.

Es conforme. Por Tanto: Téngase como Ley de la República. Ejecútese y publíquese.

Dado en la ciudad de Managua, a los treinta días del mes de agosto de mil novecientos ochenta. "Año de la Alfabetización".

Junta de Gobierno de Reconstrucción Nacional. Sergio Ramírez Mercado. - Moisés Hassan Morales. - Daniel Ortega Saavedra. - Arturo J. Cruz. - Rafael Córdova Rivas.

ARBITRARIEDADES Y RESTRICCIONES

Ley sobre la Prohibición de la Comercialización

en las Festividades Navideñas

DECRETO No. 515

LA JUNTA DE GOBIERNO DE RECONSTRUCCION NACIONAL DE LA REPUBLICA DE NICARAGUA en uso de sus facultades y con fundamento en el Art. 23 del Decreto No. 388 del 2 de mayo de 1980,

Hace saber al pueblo nicaragüense:

UNICO: Que aprueba las reformas hechas por el Consejo de Estado en sesión ordinaria número dieciséis del día veintisiete de agosto de mil novecientos ochenta, al Decreto "LEY SOBRE LA PROHIBICION DE LA COMERCIALIZACION EN LAS FESTIVIDADES N A VIDEÑAS", el que ya reformado íntegro y literalmente se leerá así:

«Considerando:

I Que por primera vez en su historia Nicaragua es Libre y que es de urgente necesidad rescatar las Festividades de Navidad del carácter y sentido puramente comercial y mercantilistas que revestían en el pasado.

II Que a la par con los cambios en las estructuras fundamentales efectuados por nuestra Revolución las Festividades de Navidad deben recobrar su verdadero sentido popular y cristiano.

Por Tanto:

En uso de sus facultades, Decreta:

Art. r.-Quedan prohibidos toda clase de anuncios y promociones comerciales que se difundan por medios impresos, la televisión y la radio así como por cualquier otra clase de instrumentos publicitarios, que utilicen o invoquen la Navidad y todo lo que se relacione con la fecha del Nacimiento de Cristo, para alentar la venta de artículos o servicios.

Art. 2.-Tanto las empresas comerciales como las agencias de publicidad y medios de difusión que violen lo establecido en el artículo anterior incurrirán en multa equivalente al cuádruplo del valor de la publicidad pautada o contratada así como también el decomiso de cualquier premio anunciado como parte de promociones.

Las multas y premios objeto de esta Ley ingresarán al patrimonio del Ministerio de Bienestar Social para su aplicación posterior en beneficio de programas para la niñez.

Art. 3.-La reglamentación del presente Decreto y la vigilancia de las prohibiciones contenidas en el Art. 1 Q del mismo, como también la aplicación de las multas del caso estarán a cargo de la Dirección de Medios de Comunicación del Ministerio de Cultura.

Art. 4.-La aplicación de este Decreto es sin perjuicio de la publicidad y propaganda normal de las empresas.

Art. 5.-El presente Decreto entrará en vigencia, desde el momento de su publicación en "La Gaceta", Diario Oficial".

Es conforme. Por Tanto: Téngase como Ley de la República. Ejecútese y publíquese.

Dado en la ciudad de Managua, a los diez días del mes de septiembre de mil novecientos ochenta. "Año de la Alfabetización".

Junta de Gobierno de Reconstrucción Nacional. Sergio Ramírez Mercado. - Moisés Hassan Morales. - Daniel Ortega Saavedra. - Arturo J. Cruz. - Rafael Córdova Rivas.

Prohibición del Boxeo Profesional

DECRETO No. 606

LA JUNTA DE GOBIERNO DE REOONSTRUCCION NACIONAL DE LA REPUBLICA DE NICARAGUA en uso de sus facultades, Decreta:

ART. I.-Queda prohibida la promoción del espectáculo y práctica del Boxeo Profesional en toda la República, salvo cuando éstos tuvieren por finalidad recaudar fondos para beneficio social, cuya distribución será determinada por el Instituto Nicaragüense de Deportes (IND).

ART. 2.-En los casos exceptuados en el artículo anterior será necesaria autorización previa del IND, quien determinará los requisitos para conceder esa autorización.

ART. 3.-Se establecen como requisitos necesarios que debe exigir el IND los siguientes:

a) Su participación en el Control y Vigilancia sobre la recaudación de los fondos provenientes del espectáculo;

b) El cumplimiento de los interesados con las normas y reglamentos del boxeo;

c) El consentimiento expreso de la institución beneficiaria.

ART. 4.-La transgresión a lo dispuesto en el Art. 1 de la presente Ley constituirá el delito de Promoción Ilícita del Boxeo Profesional el que será sancionado de acuerdo con el Código Penal de la manera siguiente:

a) Prisión de uno a dos años y multa de Diez Mil Córdobas a Cincuenta Mil Córdobas para los promotores del espectáculo; y

b) Arresto de seis meses a un año y multa de Quinientos Córdobas a Cinco Mil Córdobas para los boxeadores practicantes.

El procedimiento se realizará de acuerdo con las reglas del derecho común. Por la reincidencia se duplicarán las penas y las multas serán a beneficio del Fisco.

ART. 5.-Se faculta al IND, para dictar las disposiciones reglamentarias de los Arts. 2 y 3 de la presente Ley.

ART. 6.-La presente Ley entrará en vigencia desde su publicación en "La Gaceta", Diario Oficial.

Dado en la ciudad de Managua, a los cuatro días del mes de noviembre de mil novecientos ochenta. "Año de la Alfabetización". -

JUNTA DE GOBIERNO DE RECONSTRUCCIÓN NACIONAL. Sergio Ramírez Mercado. - Moisés Hassan Morales. - Daniel Ortega Saavedra. - Arturo J. Cruz. - Rafael Córdova Rivas.

LA CENSURA A LOS MEDIOS DE COMUNICACIÓN...

Ley para Regular las Informaciones sobre

Seguridad Interna y Defensa Nacional

DECRETO No. 511

LA JUNTA DE GOBIERNO DE RECONSTRUCCION NACIONAL DE LA REPUBLICA DE NICARAGUA en uso de sus facultades y con fundamento en el Art. 23 del Decreto No. 388 del 2 de mayo de 1980, hace saber al pueblo nicaragüense:

UNICO: Que aprueba las reformas hechas por el Consejo de Estado en sesión ordinaria número dieciséis del día veintisiete del mes de agosto de mil novecientos ochenta, al Decreto "LEY PARA REGULAR LAS INFORMACIONES SOBRE SEGURIDAD INTERNA Y DEFENSA NACIONAL", el que ya reformado íntegro y literalmente se leerá así:

«Considerando:

Que la libertad de prensa es una conquista del pueblo nicaragüense, por lo que todo· medio de comunicación debe propugnar, con la certeza de sus informaciones, por la unidad nacional por la defensa de la nación y consolidación de la Revolución.

Por Tanto:

en uso de sus facultades, Decreta: La siguiente: "LEY PARA REGULAR LAS INFORMACIONES SOBRE SEGURIDAD INTERNA Y DEFENSA NACIONAL"

Art. r.-Los Medios de Comunicación de la República, cualquiera sea su naturaleza, no podrán divulgar noticias o informaciones que comprometan o atenten contra la Seguridad Interna del País o la Defensa Nacional.

Esta restricción incluye la comunicación de informaciones o noticias tales como enfrentamientos armados, atentados contra funcionarios del Gobierno, y otros semejantes, sin constatar de previo en forma fehaciente la veracidad de tales informaciones o noticias en la Junta de Gobierno de Reconstrucción Nacional; o en los Ministerios de Interior o Defensa.

Art. 2.-Corresponderá al Coordinador General de los Medios de Comunicación levantar un informativo en los casos de infracción del artículo anterior, quien en casos de mérito podrá ordenar la publicación de la rectificación a cargo del medioinfractor si 10 juzgare necesario, con las mismas características y extensión de la publicación original.

Art. 3.-De dicho informativo el Coordinador enviará de inmediato copia al Ministerio de Justicia para la deducción de las responsabilidades penales de conformidad a la Ley de Mantenimiento del Orden y Seguridad Pública y demás leyes penales de la República. Contra esta resolución el infractor podrá hacer uso de los recursos legales.

Art. 4.-El presente Decreto entrará en vigencia desde el momento de su publicación en "La Gaceta", Diario Oficial».

Es conforme. Por Tanto: Téngase como Ley de la República. Ejecútese y publíquese.

Dado en la ciudad de Managua, a los diez días del mes de septiembre de mil novecientos ochenta. "Año de la Alfabetización".

Junta de Gobierno de Reconstrucción Nacional. Sergio Ramírez Mercado. - Moisés Hassan Morales. - Daniel Ortega Saavedra. - Arturo J. Cruz. - Rafael Córdova Rivas.

CAPÍTULO XXI

DESPEDIDA

Estimados lectores:

Muchas gracias por haberse involucrado en estos tangibles episodios, donde el encuentro y el desencuentro fueron el pan de cada día, porque cada uno –al final de cuentas- vivió su propia historia y aprendió a lidiar con su destino.

Como narradora de estos relatos cortos déjenme decirles que no pertenezco ni a un bando ni a otro (políticamente hablando), ya que la inteligencia me dicta que "no vale la pena morir para que otro viva", lo que me hace compartirles mis reflexiones, dentro de mi "nicaragüanidad" arraigada.

Hago hincapié en el dolor trascendental que sume a los individuos en el odio y el deseo de venganza que en nuestro existir efímero nos marca de tal manera que nos impide razonar.

El verse involucrado y formando parte de una sociedad en donde vales por lo que tienes; el desasosiego de los miembros de una familia acostumbrados a tenerlo todo y de repente quedarse sin nada; la inconformidad ante los embates que produjeron las secuelas de una guerra y un cambio de gobierno repentino, en fin, las difíciles situaciones hogareñas, fueron el pan de cada día. En todas las épocas se presentan problemas y hasta en las mejores familias se dan severos conflictos y tremendos escándalos.

"Para los ´somocistas´ (seguidores de la dinastía de la familia Somoza), como lo fue el protagonista principal de estos relatos cortos, don Hernán Augusto Fernández Fernández y para muchos otros, el General Somoza era lo máximo, a pesar de ser un secreto a voces su actuar ´amoral´ lleno de subterfugios; además de ampararse en su frase predilecta: **"nunca me informaron de lo que mis asesores hacían a mi espalda para proteger mi imagen y el que no sabe es como el que no ve"**.

Somoza para protegerse de un derrocamiento por la guerra de guerrillas, mandó a apresar a sus cabecillas, en cuenta el actual dictador de

Nicaragua, Daniel Ortega Saavedra y aun siendo malvado, les perdonó la vida –lo que para muchos fue el más grave error-.

Lo mismo sucede hoy día con los "danielistas" (seguidores de Daniel Ortega Saavedra), fuera y dentro de Nicaragua; la diferencia es que los viven en el país son cuidadosos en sus comentarios para evitar el enojo de los simpatizantes del dictador, quienes se encargan de hacer justicia por su líder.

Vemos algo muy parecido en los demás países latinoamericanos como la Venezuela "chavista" y la actual Venezuela "madurista"; en Bolivia con los "evistas"; en Ecuador con los "correístas" y en Cuba con los "castristas".

Desde mi punto de vista, el "socialismo" se convierte en "karma" de cualquier país cuando es mal usado -entre comillas-. Ahora bien, si existiera tan sólo un ser humano en el mundo que se preocupara por el beneficio de toda la humanidad (parejo), sería algo fuera de contexto, pues **"cada quien hala agua para su molino"**.

El pueblo de cualquier nación se basa en los hechos que los marcan. En mi opinión personal, Somoza cayó porque:

1) La primera potencia del mundo, Estados Unidos de América, lo obligó a renunciar a su cargo.

2) Por confiado.

3) La situación se le salió de las manos y en su desesperación mandó a asesinar a "justos y pecadores", lo que provocó la ira del pueblo.

Cuando se pierde un hijo –parte esencial de nuestras células- los que han pasado por semejante dolor me han expresado que la sed de venganza va en aumento y no hay paz, gusto o sosiego hasta que vemos que los culpables pagan por su crimen. El dolor no nos deja reflexionar, situación que nos orilla a realizar acciones impredecibles porque el rencor está enclaustrado en nuestras almas.

Ahora bien, el señor Daniel Ortega Saavedra, actual Presidente Inconstitucional de Nicaragua, perdió las elecciones en los noventas ante la candidata de la Unión Nacional Opositora (UNO) y desde mi punto de vista, fue porque:

1) Obligó a que los padres entregaran a sus hijos para defender la ideología del partido de gobierno y de los nueve comandantes – incluido él- que en la década de los ochentas

mangoneaban la nación amparados convenencieramente en la imagen del liberal Augusto César Sandino.

2) Por mantener al pueblo con hambre y sumido en la miseria.

3) Por no saber negociar con las reglas de la "diplomacia".

4) La censura. Obligaron al nicaragüense a guardar silencio y a no reclamar. Los medios de comunicación tenían restricciones en toda la extensión de la palabra, por lo que el pueblo nunca supo la verdad de lo que realmente sucedía aunque lo sintiera en carne propia.

Vuelvo y repito: ¡Ninguno sirve! En lo particular no estoy a favor ni en contra de ningún "esbirro". Somoza era uno solo –solamente un ladrón-; los comandantes de la mal llamada "revolución" eran nueve (tipo Ali Babá); Violeta Barrios de Chamorro nunca gobernó el país, era un monigote tras del trono, quien verdaderamente gobernaba Nicaragua era su yerno Antonio Lacayo; Arnoldo Alemán se robó más que lo que somocistas y sandinistas juntos en 55 años (sumando ambas dictaduras), además que es un "pactista convenenciero" que no le importa pasar por quien sea con tal de obtener una cuota de poder. Enrique Bolaños que fue vice-presidente del gobierno de Alemán y luego Presidente de la República, llevó a Nicaragua a una moderada paz, aunque no podemos decir que sea un nicho de virtudes. La nueva dinastía ORTEGA MURILLO actualmente son los dueños del país y por lo visto van a quedarse para "eterna memoria".

Como escritora de este libro les participo que no soy "bolañista" ni "arnoldista" ni "danielista" mucho menos "sandinista" o "somocista"... me defino como "realista"; hablo con conocimiento de causa porque viví todas las etapas anteriores dentro de la Patria y en carne propia, al rojo vivo; nunca recibí noticias de segunda mano; es por eso que mis relatos se basan en hechos reales, sin adornos de ninguna índole y sin caer en el "amarillismo" degradante a los que muchos recurren porque se les acabaron las palabras. Así es que estimados lectores, **"de nada sirve tapar el sol con un dedo"**.

Lo que pasó acá, es que el deseo y la ambición por obtener lo que no nos cuesta; la esperanza de recibir una herencia de parte de los nuestros sin merecerlo; todo contribuye a que los individuos se pasen la vida como "las cigarras", cantando y haraganeando hasta que se les dé el milagrito de la tan ansiada "ganancia fácil caída del cielo".

Hay varios mensajes en el entretiempo de la lectura de estas cortas y entretenidas narrativas. Estos son:

- Nunca especules con lo ajeno, NO ES TUYO.

- No envidies, ni critiques destructivamente a otros, esas actitudes dejan mucho que decir y demasiado en qué pensar.

- Nunca presiones a que te den algo, si de antemano sabes que no lo mereces.

- Todo en la vida se gana... hasta las malas miradas.

- No hagas fiesta lo que no te cuesta.

- No entregues lo tuyo antes de tiempo.

- No juzgues a quienes actuaron mal ante tus ojos, ya que la vida se encargará de darles su merecido.

- No intentes cambiar lo que no tiene arreglo, porque perderás el tiempo.

- No trates de reconstruir las bases cuando te has encargado de destruirlas poco a poco.

- Procura estar en paz contigo mismo, no vaya a ser que no despiertes.

- Agradece todos los días a Dios por lo que tienes.

- Procura aceptar tu destino, porque has sido el arquitecto de este.

- Espera en la justicia y recibirás el éxito y el triunfo que tanto anhelas.

- Haz lo que te guste y recibirás aplausos por tu talento.

- No te recuestes en hombros ajenos, pueden dislocarse.

- No juzgues a nadie severamente, antes, revisa tus propios errores.

- No presumas mucho porque descubrirán con facilidad tus carencias.

- No te dejes guiar por lo que te dicen... actúa acorde a lo que crees.

- Da más de lo que esperas recibir.

- Ama lo que haces.

- Valora el sacrificio de los demás.

- Aprende de las lecciones que la vida les presenta a otros.

- Mírate en el espejo y graba la imagen de tu reflejo.

- Respétate a ti mismo para que te respeten.

- No escuches a personas sin escrúpulos. A palabras necias, oídos sordos.

- No discutas con un ignorante, porque nunca le ganarás y terminarás formando parte de sus estupideces.

- Habla en voz baja. Los gritos es de gente mal educada y un signo evidente de los perdedores.

- Sonríe educadamente, no a carcajadas porque es de mal gusto.

- Procura no mentir, porque cuando estés diciendo la verdad, nadie te creerá.

- Respeta lo ajeno.

- Procura vivir en paz y armonía.

- Regresa las llamadas telefónicas en las siguientes 24 horas después de recibidas, ponte en el sitio de quién la hizo.

- Si no eres humilde, aprende a serlo.

- Nunca te alabes a ti mismo, espera a que otros lo hagan, porque solamente así te darás cuenta de que estás haciendo las cosas excelentemente bien.

- Aprende a perdonar porque hacerlo es un gesto de valientes y te ayuda a alivianar el alma.

- Ama, confía y ten fe en Dios, él es la tabla de tu salvación.

Reciban entonces el agradecimiento sincero de esta amiga de todos los hispanoamericanos.

F I N

BIOGRAFÍA

Katia Ninoska Castillo Vado conocida como Katia N. Barillas es de origen nicaragüense. Nació en la ciudad de Granada en Marzo de 1967. Es escritora independiente, poetisa y declamadora desde los 13 años de edad. Estudió primaria en el Colegio Francés de Nuestra Señora de Guadalupe. Se bachilleró en Secretariado Ejecutivo Comercial en la Escuela de Comercio Inmaculada Concepción de María. Tiene estudios técnicos y superiores en idioma español y en administración de empresas.

Esta es la primera vez que incursiona en el género de relatos cortos; obra que ha escrito en su mayor parte con el lenguaje sencillo y popular usado entre la población nicaragüense. Espera poder llegar al público de manera general con los resúmenes de estos que se basan en hechos de la vida real, en donde plasma vivencias y carencias del ser humano en su transitar.

Estamos seguros que los lectores podrán disfrutar de la narrativa que nos presenta esta escritora nicaragüense-americana en cada uno de los capítulos que al final terminan como una sola vivencia histórica.

En Febrero del 2011 publicó su antología poética REVELACIONES DE VIDA EN POESÍA, la que puede ser adquirida en www.revelacionesvidapoesia.com

www.palibrio.com
www.amazon.com
www.barnesandnoble.com

Ha participado en concursos de poesía y obtenido premios de los Festivales de la Canción de California en los años 2008, 2009 y 2010. Así mismo, en Febrero del 2009, recibió reconocimiento del Centro de Estudios Poéticos de España en la antología "Impresiones y Recuerdos", compartida con otros poetas.

Es poseedora de su propio blog de poesía en el sitio www.mundopoesia.com/foros/ poetas/30923-katia barillas.html.

Es fundadora del programa cultural y literario **NOCHES BOHEMIAS DE PURA POESÍA.** La grabación de los videos de sus recitales de poesía pueden encontrarlos en www.youtube.com, buscando el canal: *noches bohemias de pura poesía.*

Ha llevado este programa los últimos sábados de cada mes, en horario de cinco y media a seis de la tarde, a través de la radio en California, Estados Unidos de América, sintonizando las frecuencias 1010AM*990AM*1300AM y al mundo entero vía internet en www.kiqi1010am.com.

NOCHES BOHEMIAS DE PURA POESÍA se lleva a efecto también con micrófono abierto mensualmente desde el City College de San Francisco – Mission Campus en California.

Ha participado como declamadora en varios eventos, algunos propios y otros organizados por grupos culturales en su área de residencia y tiene grabado en su propia voz un CD de Poemas Selectos incluidos en su antología poética Revelaciones de Vida en Poesía.

Printed in the United States
By Bookmasters